FOI VIVANTE 368

CE DIEU INUTILE...

Du même auteur :

Dieu à notre service, prières pour toi qui cherches, Lumen Vitae, Bruxelles, 1977.

Au jardin de Dieu, Cerf, Paris, 1983 (traduit en espagnol - adapté au Zaïre).

Apprendre à lire la Bible, Saint Paul Afrique, Kinshasa, 1986.

Le Frère Mutien, en collaboration avec Henri Steenwinckel, Fidélité, 1989.

Amour et amitié, Fidélité, 1990.

Heureux d'être chrétien, Source de Vie (Toulouse)/Fidélité, 1991.

La messe du dimanche, Fidélité, 1992.

Quelques pas vers Dieu, Fidélité, 1990; 2ème éd. Médiaspaul (Paris)/Fidélité, 1993 (traduit en espagnol).

Prières de la famille, Fidélité/Un message de vie, 1994.

Souffrance des hommes et souffrance de Dieu, en collaboration avec Pierre Dehotte, Fidélité, 1994.

Nouvel Age et nouvelles religiosités, Source de vie (Toulouse)/ Fidélité, 1994.

L'essentiel de la Foi, 4ème éd., Source de Vie (Toulouse)/ Fidélité, 1995.

Imprimi potest
Ph. Bacq, s.j.
Bruxelles, le 17 février 1988.

Imprimatur
F. Toussaint, vic. gén.
Namur, le 12 mars 1988.

ISBN Cerf : 2-204-05292-2
ISBN Fidélité : 2-77-356-110-6
ISBN Lumen Vitae : 2-87-324-070-9
ISSN : 1248-8615

Charles DELHEZ s.j.

Ce Dieu inutile...

Eloge de la gratuité

Editions LUMEN VITAE
186, rue Washington
B - 1050 Bruxelles

Editions FIDÉLITÉ
61, rue de Bruxelles
B - 5000 Namur

Diffusion Cerf
PARIS

1995

Bibliothèque chrétienne de poche

FOI VIVANTE

ÉDITEURS PARTENAIRES :

Centurion, Jean-Pierre Rosa.
Cerf, Jean-Marie Gueullette.
Labor et Fides, Gabriel de Montmollin
Éditions de l'Atelier, Bernard Stéphan.
Vie Chrétienne, Emmanuel Lecaron.
Mame, Pierre Langlois.
Nouvelle Cité, Henri-Louis Roche.
Desclée de Brouwer, Marc Leboucher.

COORDINATION : Jean-Marie Gueullette.
Jean-Pierre Rosa.

Affirmer Dieu parce qu'il est utile,
Le nier parce qu'il est inutile :
deux formes opposées de la même médiocrité.

François Varillon

Ce Dieu inutile ...

Ce titre n'est-il pas trop fort ?
Dieu n'est plus guère à la mode aujourd'hui. Il fait partie de nos musées, là où l'on range les objets désormais hors d'usage. Et ceux qui croient encore en lui tentent de trouver des justifications pour se donner bonne conscience aux yeux des autres.

Mais la suprême justification de Dieu n'est-elle pas son inutilité ?

Et l'homme sera-t-il capable de dépasser l'utile dans la direction du gratuit ?

★

Un projet me tient à cœur depuis des années : présenter les grandes intuitions chrétiennes. Je suis tellement persuadé qu'elles rejoignent l'homme d'aujourd'hui et ses aspirations les plus profondes. Sans complaisance toutefois : le Christ, en effet, dessine un chemin exigeant, le seul qui soit vraiment adapté à nos pas.

Si je crois en Dieu, je ne puis accepter qu'Il soit moins grand que ce que je puis penser ou concevoir de meilleur. *Le visage le plus séduisant de Dieu* ne peut donc être que le plus vrai. Et c'est celui-là que je crois avoir trouvé dans la foi chrétienne.

Et Dieu ne peut avoir créé un *homme* qui, dans son ordre, ne serait pas le plus grand que l'on puisse concevoir. *Le visage le plus noble de l'homme* ne peut donc être que le plus vrai. Et c'est celui-là que je crois avoir trouvé dans la foi chrétienne.

Cette double conviction m'a conduit à écrire et à rendre compte à mes lecteurs de l'espérance qui est la mienne.

Je me dois de reconnaître avec gratitude ma filiation à l'égard de certains de mes illustres confrères. Leurs mots renaissent parfois spontanément sous ma plume tant ils m'ont marqué et ont éveillé en moi des sources profondes. Je pense particulièrement aux pères François Varillon, Karl Rahner et Pierre Teilhard de Chardin.

J'offre ce livre à tous ceux et toutes celles qui m'ont fait découvrir les joies de l'amitié. Qu'ils découvrent ici les profondeurs insoupçonnées de ce que nous avons vécu et reçu. Et qu'ils en soient remerciés. Je le dédie également à mes parents qui m'ont donné gratuitement ce qu'ils avaient reçu gratuitement. Enfin, je ne voudrais pas oublier l'amitié de Véronique Bontemps, la serviabilité fraternelle de Philippe Wargnies et la compétence de Myriam, ma belle-sœur. Ecrire n'est jamais un acte solitaire. Heureusement !

C.D.

On n'écrirait pas si l'on vivait ce qu'on écrit : et pourtant, ce que l'on écrit n'est pas mensonge mais invocation.

Jean SULIVAN

ESQUISSE

Première partie :
MYSTÈRE DE L'HOMME, MYSTÈRE DE DIEU.

Pour accéder au Mystère de Dieu, nous nous étonnerons de celui de l'homme. Car les deux ne font qu'un.

Avec l'être humain apparaît une créature qui n'est plus motivée par les seuls problèmes de subsistance. La fête, l'art et l'amour font leur entrée dans la création. Ces activités apparemment inutiles, simplement *gratuites*, sont la marque distinctive de l'homme et de sa démesure. Et si Dieu était le *luxe* suprême, inutile autant qu'essentiel ? Et si l'œuvre la plus sublime consistait en ces rares moments d'*adoration* où, laissant toute rentabilité, nous nous mettons à chanter et à nous émerveiller du Mystère à l'horizon de nos vies ? Car Dieu est, et cela suffit...

Chapitre 1 : *Au cœur de la gratuité* 14

Les hommes trouvent encore le temps d'avoir des *amis*. Heureusement ! Dans le mystère de l'ami, nous avons déjà affaire à Dieu. Dans le regard amical, nous découvrons une *étincelle divine* et, dans les bras de la tendresse, l'espérance nous est murmurée. En toute personne, si défigurée soit-elle, c'est le visage de *Jésus Christ* que secrètement nous recherchons, car il a épousé notre humanité et il donne à chaque être sa véritable beauté et son indicible grandeur. Au rythme de l'amitié, nous marchons vers ce Jour où, en pleine lumière, au cœur de ce tourbillon d'Amour qu'est Dieu, nous cueillerons ensemble les fruits d'éternité. Car depuis toujours, nous sommes attendus.

Chapitre 2 : *Sur la trace de l'Autre...* 33

Deuxième partie :

AU FIL DE LA LIBERTÉ

L'homme est remis entre les mains de sa propre liberté. C'est à lui que revient, au gré de ses décisions, d'inventer ce que sera demain. Dieu ne prendra pas sa place.

Jésus-Christ n'apporte pas de code moral nouveau, mais il invite chacun à l'*audace de l'amour jusqu'à la préférence absolue de l'autre.* «Si le grain de blé ne tombe en terre et ne meurt, il reste seul...» La *mort* est inscrite au cœur de chaque instant et au terme de notre vie comme l'étalon de l'amour. Et Dieu vient à la rencontre de nos demi-mesures et de nos échecs en nous offrant le *pardon*, gratuité suprême et porte de l'*éternité* à laquelle tout homme aspire secrètement.

Chapitre 3 : *Si le grain ne meurt...*
Fondements de la morale chrétienne 69

Prenant l'inutilité de Dieu au pied de la lettre, l'homme se fabrique des *idoles* bien plus utiles. Dans le *péché* se lit en creux la *grandeur humaine* : une petite créature a reçu une réelle liberté capable d'atteindre le Créateur en plein cœur. Et Dieu révèle sa véritable puissance dans la *gratuité d'un pardon* recréateur. Dans ce monde en forme de croix, il s'est fait victime de nos lâchetés afin de nous par-donner en vérité. Il dégage ainsi l'horizon et donne à nos vies une *fécondité nouvelle*, comme le regain au plein midi de l'été. La communauté chrétienne, lieu de réconciliation, se présente comme une nouvelle bouture au sein d'une humanité vieillie par le péché.

Chapitre 4 : *Comme le regain.*
Réflexions sur le péché 104

Quand Dieu aime les hommes au-delà de toutes raisons, il vient les épouser et il les rassemble *en un seul Corps.* Dans le verger de notre monde fleurissent des *communautés.* Dès maintenant, elles se mettent à l'œuvre pour écrire une *parabole du monde de demain* et apporter aux pauvres la Bonne Nouvelie d'un *Royaume de justice.* Déjà elles vivent de cette *communion* à laquelle tous aspirent et elles chantent en pure inutilité un cantique nouveau. Au cœur de l'aujourd'hui, l'Eglise est ce *vase qui déborde* de la gratuité divine pour en abreuver l'humanité assoiffée d'*Espérance.* Par-delà ses mesquineries et ses demi-mesures, elle a les yeux clairs de *Marie.*

Chapitre 5 : *Le vase de la gratuité.*
Regards sur l'Eglise 137

PREMIÈRE PARTIE

Mystère de l'homme, mystère de Dieu

Un enfant joue le long des vagues qui semblent bien se jouer de lui. Il a creusé un trou dans le sable. Avec une petite coquille, il puise l'eau de la mer et la déverse dans ce petit creux.

Quand aura-t-il fini son commerce ? Quand la mer sera-t-elle vide ou le trou plein ? Quand pourra-t-il se reposer de son labeur et jouir de son travail achevé ?

Sans doute a-t-on reconnu l'anecdote que nous rapporte St Augustin. Il se promenait sur la côte, méditant et réfléchissant sur le mystère de Dieu. Il aurait bien voulu comprendre Dieu et son abîme trinitaire. Mais ce qu'il découvrit c'est que Dieu est incompréhensible. Il n'y a pas davantage moyen de le réduire à des formules et à des démonstrations que d'enclore la mer dans un petit trou de la plage.

La mer est immense, mystérieuse. L'œil ne peut embrasser son infinité et les vagues n'agitent qu'en surface sa calme profondeur. Tel est Dieu.

Mais ce petit creux dans le sable est tout aussi mystérieux. Minuscule, il veut engloutir l'immensité. Insatiable, il semble dévorer l'océan. Tel est l'homme.

Pour accéder au mystère de Dieu, nous allons nous étonner du mystère de l'homme. Car c'est un même Mystère.

CHAPITRE 1

AU CŒUR DE LA GRATUITÉ

L'homme est une question

Lorsqu'un enfant apprend à parler, il s'exerce, aidé par son entourage, à donner un nom à chacun des objets qui se présentent à lui. Petit à petit, il pourra distinguer un arbre d'une fleur, un papillon d'un oiseau. Il ne confondra plus le rouge avec le bleu. Chaque chose a un nom et chaque nom renvoie à une chose.

Mais voilà qu'un jour, un nom étrange entre dans son vocabulaire. Peut-être est-ce sa maman qui le lui a suggéré, ou son papa, à moins qu'il ne l'ait entendu à l'école : DIEU.

Mot étonnant que celui-là. Aucun objet ne le porte. Il a beau chercher et regarder autour de lui, il ne peut mettre le doigt sur rien qui mérite d'être appelé de la sorte. Dieu est le mot le plus intrigant de notre dictionnaire, car il ne correspond à rien qui tombe sous nos sens et il ne porte pas en lui-même sa propre évidence. Il n'a pas de contenu précis ni de définition claire. L'existence de ce mot dans toutes les langues du monde est un mystère. Sous tous les cieux de notre terre, dans toutes les cultures, il existe un mot qui désigne comme un point d'interrogation, une question majeure au cœur de notre vie d'homme.

On comprend bien qu'en regardant la rivière, on cherche à lui donner un nom pour pouvoir en parler avec les autres et organiser la prochaine pêche. Quand l'homme est saisi par la peur, il trouve une manière de nommer ce sentiment afin de partager avec d'autres ce qu'il ressent. Mais pourquoi a-t-il inventé ce mot 'Dieu' ? En présence de quel phénomène ou de quel objet a-t-il dû recourir à ce vocable ?

Le mot *Dieu* apparaît lorsque les humains s'interrogent sur le sens de leur existence. Il manifeste que l'homme n'est pas clos sur lui-même. Il y a en lui une brèche, une ouverture qui le fait regarder ailleurs et s'interroger. Il n'est pas prisonnier de lui-même, mais il est habité par un soupir, une question, une espérance, une angoisse parfois, signes qu'il y a quelque chose d'autre que lui.

Ce mot *Dieu* trahit l'inlassable voyage de l'humanité en quête de son origine et de son but. Il est comme la cicatrice vive de ce que l'homme ne se possède pas lui-même, mais est porté par un autre que lui.

Ce mot exprime une *question* autant qu'une réponse. Le plus significatif n'est pas d'abord qu'on la pose. Croyants et athées se départagent quant à la réponse qu'ils donnent, mais ils ont en commun de questionner avec ce même mot *Dieu* [1].

Lorsque l'homme est vraiment homme et qu'il accepte de se regarder lui-même, il en vient toujours à se poser des questions et il découvre que la première qui soit, c'est lui-même, mystère insondable : Qui suis-je ? D'où est-ce que je viens ? Où vais-je ?

La véritable réflexion commence lorsque j'en arrive à m'interroger sur le *pourquoi de mon interrogation.* Qui suis-je pour devoir m'interroger ? Pourquoi la vie n'est-elle pas sans pourquoi ? Prendre au sérieux mon existence d'homme, c'est ne pas fuir cette question que je suis et laisser cette brèche ouverte.

« Si l'homme n'est pas attentif à son propre mystère, sa parole sur le mystère de Dieu n'est que vaine logomachie. Mais on doit le respect aux passionnés de l'humain qui échouent à appeler *Dieu* le *divin* qu'ils perçoivent en lui [2] ».

---

1. « Athée » vient du mot grec « *Theos* » qui signifie « Dieu » : l'athée se définit par rapport à Dieu dont il nie l'existence.

2. François VARILLON, *L'humilité de Dieu,* Paris, Centurion, 1974, p. 44.

Il n'appartient pas à la *science* de poser ces questions ultimes. Elle reste à l'intérieur de ce monde et l'observe en vue de le connaître et de l'organiser. Le scientifique scrute minutieusement le cosmos, mais jamais il ne trouvera dans la science une réponse au sens de la vie. La science ne fournit même pas d'instruments pour poser la question. Mais lui, comme homme, ira d'étonnement en étonnement et admirera cette nature toujours plus merveilleuse et plus incroyable au fur et à mesure que reculent les frontières de l'inconnu. Il en viendra alors à se poser la question du *pour-quoi* de ce monde et de la science qui l'étudie. Car à l'intérieur de cet ordre gigantesque, il ne semble pas, de prime abord, y avoir de but.

Pour quoi cette luxuriance ? Pour quoi cette majesté de l'immensité et cette précision de la miniature ? La réponse n'est pas inscrite. Ce chef-d'œuvre semble injustifié et sans raison. Il n'y a pas de signature au bas du tableau.

La science, en effet, n'est pas équipée pour la réponse, ni pour la question. Elle a beau étendre de plus en plus loin les frontières de son empire, jamais elle ne pourra, fût-ce par la psychologie ou la sociologie, ramener l'homme dans ses filets. Or, le mystère loge au cœur de l'homme. Ce dernier ne peut être totalement l'objet de la science puisqu'il en est le sujet et l'auteur. Il lui échappe toujours en partie et cette partie est le lieu de la question. Il demeure éternellement celui qui questionne, le point de vue qui ne peut être vu, la capacité de donner sens au non-sens qui foisonne dans l'univers. L'existence même du mot *Dieu* dans notre vocabulaire est la trace de cette interrogation toujours recommencée.

Nietzsche est mort

Si venait à disparaître le mot *Dieu*, on ne pourrait pas en tirer la conclusion que Dieu n'existe pas, car pour le proclamer haut et clair, il faudrait encore utiliser ce mot disparu. Mais imaginons quand même qu'un jour ce mot et la question qu'il représente soient complètement rayés de notre vocabulaire. On ne pourrait pourtant pas conclure que Dieu est mort. Il faudrait plutôt constater que c'est l'homme qui est mort. Car le mot 'Dieu' est la trace de ce que notre existence est à nos propres yeux un mystère. L'homme est le seul — et c'est la différence avec l'animal — à se poser la question du sens ultime de sa vie. Le jour où ce mot sera biffé, ce sera le signe que la question a disparu et donc que l'homme est mort. On ne peut étouffer la question et rester homme.

En mai '68, sur les murs de la Sorbonne secouée par la contestation étudiante, quelqu'un avait inscrit à la craie : «Dieu est mort». Cette petite phrase était signée Nietzsche, philosophe allemand de la fin du siècle dernier. Mais un inconnu est venu ajouter : «Nietzsche est mort». Et c'était signé 'Dieu' ! Pointe d'humour qui nous rappelle que tant que le mot lui-même existe et qu'on peut l'inscrire sur les murs de nos villes ou dans l'obscurité des catacombes, il y a un mystère que l'homme ne peut biffer et qui demeure, alors que les individus disparaissent.

Le premier pas sur le chemin qui conduit à Dieu est toujours une question. Certes, il y a moyen de l'étouffer. La mentalité technicienne et utilitariste d'aujourd'hui fait obstacle à la prise en compte de cette question que nous sommes. Au lieu de nous interroger sur le 'pour-quoi' de notre existence, nous nous inquiétons du 'comment' de notre subsistance. Très vite la vie devient un «métro-boulot-télé-dodo» ! Mais dès que nous prenons au sérieux l'épaisseur de notre condition humaine, nous sommes introduits au seuil du Mystère.

Quand on accepte de prononcer ce nom de 'Dieu', on n'est pas encore chrétien pour autant. Tout homme est habité par cette question qui est comme un trou dans le champ de ses évidences. Dieu est l'interrogation qui fissure nos affirmations trop faciles et nos certitudes installées. Mais ce mot est sans visage. Il est un vide au milieu du plein de nos activités, il est un espace offert au cœur de notre affairement, une page blanche mêlée à nos définitions et nos démonstrations. Ce mot reflète bien ce qu'il vise : la Réalité mystérieuse et ineffable, silencieuse et abyssale de Celui qui ne peut être ni vu ni entendu.

L'Ancien Testament interdisait de prononcer le nom propre de Dieu et Elie n'a pu le voir que de dos. La foi *chrétienne* commence lorsque nous osons croire que ce Mystère à l'horizon de nos vies nous a révélé son visage en Jésus de Nazareth, le Christ.

L'essentiel est inutile !

L'homme existe... Voilà le plus étonnant... Telle est la première question, le premier mystère. Fleur fragile qui bientôt se fanera, il s'ouvre un matin. Il s'épanouit et déploie ses couleurs pour la joie des autres fleurs.

A-t-il une quelconque utilité ? Sert-il à quelque chose ? Non. Son apparition est purement gratuite. Un luxe, un surcroît, un excès que rien ne justifie. Il aurait pu tout aussi bien ne pas exister. Qui aurait été là pour le déplorer ?

Le mystère de l'homme, c'est son «inutilité». Rien n'exige sa présence.

Déjà tout l'univers semble être «de trop pour l'éternité» (Sartre). Mais l'homme, éclos en pure gratuité, est lui-même créateur de gratuité. Ses activités les plus hautes sont toujours marquées au coin de l'inutilité.

La vache qui broute dans un champ n'a d'autre préoccupation que l'herbe verte. Nulle autre activité. Nulle créativité. Une seule chose compte : manger pour subsister.

Chez l'homme, une part seulement, et de plus en plus réduite, de son temps va aux problèmes de subsistance. Il travaille pour produire ce qui est nécessaire à la conservation de la vie. Mais le reste de son activité ne sert à rien. Elle ressemble à du gaspillage.

Que d'énergie et de temps consacrés à la préparation d'une fête ! On met les petits plats dans les grands. Les moindres mets sont présentés avec raffinement, les lumières et les fleurs réjouissent les yeux tandis que la musique égaye les oreilles. Le temps bondit et rebondit en conversations, en danses et en chants... En quelques heures, cette exubérance ne sera plus qu'un souvenir. Démesure ? Oui. Mais tellement humaine. Car la fête est le propre de l'homme. Elle est pure gratuité, joie d'une présence partagée. Les animaux ne font pas la fête. Il n'y a pas de place chez eux pour l'inutile.

Plus une activité a un côté «inutile», plus elle est humaine. Plus elle se situe dans le registre du gratuit, plus elle touche à l'essentiel. «L'essentiel est inutile», aurait dit le petit prince.

Au sommet de l'activité humaine, il y a l'art. Le temps qu'un artiste met à peindre une toile est considérable. Mais pourquoi donc peindre un bouquet de fleurs, un coucher de soleil ou un visage, alors qu'il y en a tant autour de soi ? Il faut des journées de travail pour mettre au point une symphonie. En une heure, elle est exécutée et chacun rentre chez soi les mains aussi vides qu'il n'est venu.

Lorsqu'un agriculteur travaille, il peut emplir ses greniers de blé. L'art, lui, n'est pas productif. Mais ce qui est inutile est loin d'être vain ou superflu. L'art est respiration de l'âme.

J'aime beaucoup les bouquets de fleurs. Mais pourquoi donc une main a-t-elle été cueillir ces fleurs dans un jardin et pourquoi tant de temps passé à trouver pour chacune sa place en respectant le feu d'artifice des coloris et la symphonie des formes ? Au Japon, on peut même obtenir une licence universitaire d'art floral...

L'homme est ce regard posé sur la nature. Sans lui, personne ne saurait qu'une fleur est si belle. Sans lui, jamais les fleurs ne viendraient conjuguer leur beauté dans un vase. Sans lui, personne ne s'enchanterait de la luxuriance de la création.

L'art et l'amour

L'art et la religion ont toujours été mêlés. La religion a suscité quantité de chefs-d'œuvre. L'homme est cet animal religieux qui, dès l'aube de son existence, s'est interrogé sur le mystère qui l'enveloppait. L'art lui a permis d'exprimer son angoisse et ses questions, de traduire sa foi et son espérance.

Les archéologues ont pu constater que les vestiges de notre humanité sont associés à des traces de croyances religieuses. Ainsi, contrairement aux squelettes d'animaux, les ossements humains sont retrouvés dans des sépultures bien décorées où ils ont été ensevelis selon des rites précis. Premier indice de cette «inutilité» caractéristique d'*homo sapiens.*

Regardez les cathédrales du moyen âge dont les noms chantent dans nos mémoires : Notre-Dame de Paris et Notre-Dame de Chartres, Notre-Dame de Reims et Notre-Dame de Laon, Milan et Canterbury, Salamanque, Burgos et tant d'autres... Des hommes ont ciselé dans la pierre leur folie de Dieu et leur sens du gratuit. Pendant des années, les bâtisseurs de cathédrales ont taillé le marbre, sculpté des statues, édifié des colonnes et construit des voûtes. Tel un vaisseau, ils les ont équipées pour qu'elles puissent cingler vers le large. Le concert des formes y marie tours et arcs-boutants, clochers et contreforts, dômes et absides. Dentelles de pierre dans nos villes, ces cathédrales s'élancent vers Celui dont le ciel est le trône et la terre, le marchepied. Elles redisent à l'homme qu'il est citoyen d'en haut : il ne peut se laisser emprisonner par l'utile et le rentable sous peine de perdre ce qui fait de lui l'âme de la terre.

Quelle utilité l'amour et l'amitié ont-ils ? Ils ne rapportent rien ! Aimer, c'est précisément être prêt à perdre son temps avec l'ami et pour lui. Nul ennui lorsque deux êtres qui s'aiment sont en silence côte à côte. Aimer, c'est pouvoir se taire avec quelqu'un. Le temps, tissu de la vie de l'homme, est alors offert comme un parfum qui se répand. Pas moyen de conserver le nard qui, lorsqu'il embaume, se perd irrémédiablement. Pas moyen de retenir le temps qui coule et devient amour.

J'ai vu certains amis qui étaient toujours fort occupés. Leur agenda était rempli. Mais du jour où ils sont tombés amoureux, ils ont trouvé du temps... temps à perdre, temps à partager avec celle qu'ils aimaient, en pure gratuité. Le temps est fait pour brûler comme l'encens. Il chante et rafraîchit comme un ruisseau qui court au cœur de l'été. Comme l'eau vive, il glisse entre nos doigts. Qui veut le capturer n'en reçoit que déception et solitude.

Pour comprendre qui est Dieu, il faut une âme d'artiste, un cœur d'amoureux. Il faut accepter de passer des heures à regarder, à considérer, à s'émerveiller et, comme l'amateur de trésors, être prêt à cette folie de tout vendre pour acheter la perle rare. Démence ? Oui, pour qui n'est jamais tombé amoureux d'une perle précieuse.

L'homme n'est-il pas cet être un peu fou capable de tels gestes ? Il est impossible de connaître Dieu s'il n'y a en nous que calcul et raison. Avec l' *homo sapiens* apparaît un brin de folie dans le cosmos si bien organisé. La démesure et l'excès font leur entrée. On nous a trompés en ne nous présentant de l'homme que son côté raisonnable. L'art et l'amour sont expression d'autre chose, tout aussi essentielle, et qui tient plus de la folie que de la raison.

Quoi d'étonnant dès lors que la foi soit inutile et gratuite ? Si Dieu était un objet de consommation, il serait trop utile pour être digne de l'homme. Dieu est inutile. Voilà pourquoi il est essentiel. La prière est alors espace de gratuité. La célébration est temps qui coule pour Dieu, en pure perte. Jésus a coupé court aux remarques de Judas qui s'offusquait de voir un si bon parfum gaspillé. Etre homme, c'est être capable d'un tel gaspillage. Seul dans le concert de la création, il est capable d'une telle folie.

Que l'on ne demande plus à quoi sert Dieu... Il ne sert à rien. Il n'est pas utile. Mais gardons-nous bien de perdre le sens de l'inutile et du gratuit !

De grâce, que l'on préserve toujours en l'homme ce jardin de fête et de folie. Que personne jamais ne l'empêche de chanter seul dans un coin. Nous ne sommes pas faits pour être rentables, mais pour être heureux.

Le bonheur est ce qui ne s'achète pas, ce qui ne s'évalue pas, ce que l'on ne peut croiser sur des tableaux statistiques. Il est l'inattendu, l'incalculable, l'inespéré. Il jaillit comme une source au cœur du temps qui s'offre. Il danse comme la flamme qu'on ne se lasse pas de regarder. Il chante comme le vent. Il ne nous est pas dû et ne peut se conquérir. Il ne s'arrache ni ne s'obtient par la force. Mais il s'accueille comme un cadeau. Il se reçoit comme une gerbe de fleurs et se déguste comme un plat de fête. Bien souvent, il se présente lorsque rien ne le laissait prévoir. Il s'insinue au cœur du temps perdu et de la gratuité. Il naît là où il y a place pour l'inutile et le superflu. Il est à l'image de Dieu.

Ce Dieu inutile

On a souvent réduit Dieu à être utile. Mais l'utilitarisme se marie si mal avec un Dieu Amour. Il faut à tout prix déplacer la question de Dieu. Tant qu'elle se situera sur le terrain de l'utile, elle nous mènera à l'impasse. La poser au cœur de la gratuité et de la surabondance, en lien avec l'amour, l'art et la fête, nous conduira tout droit au Mystère ineffable.

Dieu a longtemps servi à boucher les trous de la science. Au lieu de se laisser toucher par ce grand poème que sont les récits de la création, on y a cherché des renseignements sur la fabrication du cosmos et on a fait du Créateur le premier des bricoleurs. Cette conception a conduit au divorce entre la foi et la science. Nombreux sont encore aujourd'hui ceux qui n'ont pas compris que science et foi se meuvent dans leur sphère propre et qu'elles ne sont pas en concurrence. *La science cherche le comment* des choses pour avoir prise sur elles et maîtriser le monde par la technique. *La foi accueille un sens, un pour-quoi*, et donne souffle à l'existence. Qui mettrait en concurrence la science et l'amour ? Pourquoi invente-t-on des rivalités entre la science et Dieu ?

Dieu a également été enrôlé comme gendarme. Il était chargé de surveiller le stade où se déroule la vie des hommes. A la fin de la compétition, il donne les résultats : récompense pour les bons, punition pour les mauvais. Le critère de jugement est une morale bien stricte, édictée une fois pour toutes. Jésus s'est senti mal à l'aise dans ce cadre. Il ne s'est pas privé de montrer aux Pharisiens à quel point leur attitude différait de celle du Dieu-Père. On lui a alors reproché de faire bon ménage avec les pécheurs et de pardonner un peu vite les péchés. Pour le pécheur, Dieu a du temps à perdre. Si une brebis manque à l'appel, c'est celle-là qui requiert toute son énergie. Dans de si belles pages, Charles Péguy a parlé de l'espérance de Dieu : «Donc voilà un pécheur, disons-le, qui pèse au moins autant que quatre-vingt-dix neuf justes, qui pèse peut-être même plus. On ne sait jamais. Quand une fois on est entré dans l'injustice. On ne sait plus où l'on va [3].» Nous souhaiterions que Dieu soit l'exécuteur de notre impossible justice et qu'il exauce notre désir d'être estimé à notre exacte valeur. Mais le Royaume n'est pas affaire de balance ni de décorations. Il est fête pour l'enfant prodigue.

Certains voudraient que Dieu nous épargne la mort. La foi ferait perdre à celle-ci son caractère tragique et effacerait la peur. Mais on oublie le cri, le terrible cri de Jésus en croix : «Mon Dieu, mon Dieu, pourquoi m'as-tu abandonné ?» (Mc 15, 34) La foi chrétienne, loin de gommer la mort, la met au cœur de la vie : «Si le grain tombé en terre ne meurt pas...» (Jn 12, 24). La mort est au cœur de notre foi, douloureuse et parfois scandaleuse. Elle est entrée au cœur même de Dieu. «La lance au bras de Longin est allée plus loin que le cœur du Christ, elle a ouvert Dieu, elle a passé jusqu'au milieu de la Trinité [4].»

Pourquoi faudrait-il chercher une utilité à Dieu lorsqu'on a découvert que tout le mystère de l'homme se loge au creux de l'inutilité et de la gratuité ? Et ce mystère pointe en direction de sa source qui n'est que jaillissement de vie. «Dieu n'est pas un objet que nous atteindrions par expérimentation ou par déduction. Il est cette gratuité absolue et universelle manifestée au travers de signes mais devinée et reconnue au-delà de tout signe [5].» Et cette gratuité qu'est Dieu est la vocation ultime de l'homme, car Dieu offre à la créature de participer à sa vie sans calcul.

Le monde est un cadeau gratuit. L'homme est un cadeau gratuit. Jaillit alors le mot 'merci' et la louange naît au cœur de la vie chrétienne. Remercier n'a en effet de sens que pour un acte gratuit. Lorsqu'un esclave remercie son maître pour le pain sec et l'eau qu'il lui donne, ce n'est pas par gratitude,

---

3. Charles PÉGUY, *Le porche du mystère de la deuxième vertu*, Paris, Gallimard, Bibl. de la Pléiade, 1975, p. 606.
4. Paul CLAUDEL, *L'épée et le miroir*, p. 256.
5. Joseph THOMAS, *Croire au vrai Dieu*, Paris, Centurion, 1975, p. 94.

mais parole servile et politesse craintive. On ne dit merci que pour ce qui ne nous est pas dû, ce qui n'est pas automatique, ce qui vient en plus et qui ne peut être que le fruit d'une attention amoureuse.

Si la vie nous remplit de joie alors que rien n'exige que nous existions, si le monde nous est offert sans raison ni nécessité, alors un '*Te Deum*' peut monter vers Celui que nous devinons et reconnaissons au-delà de toute gratuité et qui en est la source absolue, lui que nous nommons Dieu. «Que faire si Dieu n'existe pas, demande Mitia dans *Les frères Karamazov ?* Dans ce cas, l'homme serait le roi de la terre, de l'univers. Très bien ! Seulement... qui aimera-t-il ? A qui chantera-t-il des hymnes de reconnaissance [6] ?»

«Dessine-moi un mouton...»

> La grandeur de l'œuvre divine excède de beaucoup le pouvoir du langage humain ; de là vient la difficulté de parler comme le motif de ne pas se taire [7]
>
> St LÉON

Si Dieu est inutile, le seul langage qui permettra de l'approcher sera lui aussi signé d'inutilité. Telle est la *poésie.* Les mots se mettent à jouer sans plus se prendre au sérieux. Refus de dominer, volonté d'admirer, la poésie permet de parler de Dieu sans le violer. Le discours non-utilitaire laisse intact le Mystère. Voilà pourquoi c'est surtout dans ce registre-là qu'est écrite la Bible.

Le Petit Prince d'Antoine de Saint-Exupéry m'a introduit dans cet univers. Les *grandes personnes* ne pensent que chiffres et, pour être convaincues de l'existence du petit bonhomme, elles n'attendent que le numéro de son astéroïde. Les enfants, eux, deviennent amoureux du petit prince quand on leur dit qu'il a les cheveux couleur de blé.

---

6. F. DOSTOIEVSKI, *Les frères Karamazov*, II, 597.
7. St LÉON, *Sermon 9 sur la Nativité du Seigneur.*

«Dessine-moi un mouton... !» Et l'aviateur de lui dessiner une cage... pour avoir la paix. Que le petit prince imagine lui-même le mouton qui se trouve à l'intérieur ! Mais notre petit bonhomme s'en est trouvé très bien, car il recevait ainsi un espace pour son expérience personnelle.

«Parle-nous de Dieu... !» La tentation serait de dessiner Dieu comme on esquisse un mouton et de le définir à force de concepts précis. Or Dieu n'est pas à circonscrire. Il est à rencontrer. Il est un amour offert à notre liberté et seul le poète peut parler respectueusement de l'amour, car il ne confisque pas les mots : il nous les présente comme un royaume à explorer. Combien de grands mystiques, tels un St Jean de la Croix ou une Ste Thérèse d'Avila, n'ont-ils pas été de grands poètes ? «Tu n'expliques rien, ô poète, mais toutes choses par toi deviennent explicables[8].»

En mathématique, lorsqu'on a trouvé la solution, le problème est épuisé. Lorsque qu'il s'agit de Dieu, on est devant l'inépuisable et la surabondance. Les mots ne peuvent plus qu'introduire au seuil du Mystère, comme la cage livrait le mouton tout en le cachant. Et bientôt, les mots doivent se taire pour faire place au silence, silence d'admiration devant l'ineffable, extase, adoration. Devant Dieu, on ne peut que rester *bouche bée*. Le mot 'mystère' vient d'un verbe grec qui signifie 'se taire'.

> Fendre la page nue
> de sillons de larmes
> semer les mots
> craquant sous le poids du verbe.
>
> Irriguer leur vie
> de ma sève à moi
> pour qu'adviennent
> des fleurs de silence.
>
> En faire un bouquet
> gonflé de mon souffle
> Te l'offrir enfin
> en pétales muets.
>
> Danielle FLORIGNY

---

8. Paul CLAUDEL, *La Ville* (2e version), Acte I, La Pléiade, 1967, p. 428.

Il faut être poète pour parler de Dieu, mais il n'est pas nécessaire d'appartenir à la caste des spécialistes. En chaque homme sommeille un petit coin de poésie, un espace où les mots se libèrent de leur carcan et tentent de nommer l'Essentiel. Pour être poète, ne suffit-il pas d'être amoureux ?

Chaque chrétien, de par son baptême et sa confirmation, a reçu l'Esprit qui sonde le silence de Dieu. Avoir la foi ne sera jamais réciter par cœur les formules du parti, mais être introduit au grand large de l'océan divin où chacun peut se rendre compte par lui-même, emporté par un vent de liberté.

Jésus parlait en paraboles. Celui qui n'a pas une âme d'enfant et un cœur de poète ne peut comprendre l'Evangile jusqu'au bout. Pour goûter un poème, il faut que la liberté s'offre, qu'elle se laisse faire et accueille les mots en les laissant retentir. Les mots sont des éveilleurs, mais jamais malgré nous. Le croyant est un poète qui s'abandonne dans les bras de Dieu.

★

Et la *théologie* ? Et tous ces livres savants sur Dieu ? Ils sont importants comme des balises en mer pour éviter que ne sombre le bateau. Leur sécheresse et leur aridité empêchent que l'on puisse s'en contenter. Qui se satisferait d'une carte routière et en oublierait de regarder le paysage ?

Les théologiens de métier ne prétendent pas réduire Dieu à des dogmes, mais en maintenant le contact avec la Parole de Dieu et toute la Tradition chrétienne qu'elle a irriguée, ils nous évitent de sculper des idoles.

La Tradition nous transmet cette Parole à travers toute la richesse des siècles. Loin d'être une croisière solitaire, la foi est la traversée de tout un peuple. Et ce voyage ne commence pas avec nous. Il a débuté voici longtemps lorsque Dieu a lui-même déchiré le silence qui l'enveloppait pour nous adresser la Parole.

★

Loin de moi de vouloir supprimer *intelligence* et *raison* lorsqu'il s'agit de Dieu, et de mettre à la place sensibilité et sentimentalisme. Au contraire. Si Dieu est l'auteur de l'intelligence, les exigences de celle-ci doivent être honorées dans l'acte de foi. Une foi qui brimerait la raison ne serait pas digne de l'homme et donc de Dieu.

Toutefois, la raison elle-même nous invite à la dépasser. Elle nous conduit à un seuil où tout est silence et mystère de gratuité. La rose fleurit pour fleurir, dans la seule joie de fleurir. C'est cela l'amour. On aime sans raison, mais il est raisonnable d'aimer ainsi. Il ne s'agit pas d'une négation de la raison, mais d'un au-delà.

La réflexion que nous avons menée n'est possible que dans un acte de *liberté*. Celle-ci est au point de départ, car c'est librement que j'accepte de me poser la question que je suis et d'y prêter attention. C'est librement que j'avance dans le questionnement et que je fais confiance au sens qui se dit à travers lui. Et c'est encore librement qu'au terme de ma démarche, j'accepte de dépasser la raison pour plonger dans le Mystère ineffable.

Cette liberté n'est pas étrangère à la manière dont je vis ma vie. La question de Dieu n'est pas un petit îlot isolé, recoin d'angoisse métaphysique sans lien avec ma façon de risquer l'existence. Car si Dieu est du côté de la gratuité et du temps perdu, il est aussi du côté de la mort. Croire en Dieu c'est, en dernière instance, être disposé à offrir ma vie en pure perte, par amour. C'est renoncer à me faire centre du monde. Dieu est Amour, 'puissance d'effacement'. On ne peut le connaître qu'en s'effaçant soi-même par amour, pour que l'autre soit. Dieu est don de soi. On ne peut le rencontrer qu'en se donnant et donc... en se perdant.

Inutile prière

> Ce n'est qu'à partir d'un Dieu dont on n'a pas besoin qu'on peut accéder à une adoration authentiquement gratuite.
>
> François VARILLON

Dieu n'est pas rentable. Il est un luxe dans notre société éprise de rendement. Il est suprême inutilité dans un monde en quête d'efficacité. Il est pure gratuité qu'éclabousse notre course à l'argent. Il est de l'ordre de l'amour. Et l'amour est comme un coquelicot des champs, fragile et magnifique, décidément trop inutile et pourtant unique.

Les chrétiens ont à redécouvrir l'inutilité de Dieu. Peut-être ce mot est-il trop fort et l'on préférera dire que Dieu est suprême gratuité. C'est la même chose. Il n'est rien de si déshumanisant que de se prosterner devant des idoles que l'on a soi-même fabriquées. L'idole est un dieu taillé sur mesure, un dieu utile.

Si Dieu est à ce point inutile, à quoi sert la prière ? A rien ! Elle est précisément cet acte de parfaite gratuité. Elle éclôt lorsque nous nous détachons de toute recherche de nous-mêmes et que nous rencontrons Dieu par-delà tout essai d'efficacité ou de résultat. Elle est d'abord ADORATION

L'adoration, c'est la prière lorsqu'elle ne sert plus à rien. Elle jaillit quand l'homme ne trouve plus les mots et que les idées savantes deviennent superflues. Le cœur se laisse alors envahir par le trop-plein de Dieu. Il suffit qu'Il soit. Il suffit que je sois là, certain de sa présence.

Adorer, c'est percevoir, fût-ce en un instant fugitif, que rien n'a du poids en face de Lui, que tout est évanescent en regard de cette suprême Présence. C'est le face à face avec un Dieu que l'on ne tente plus de récupérer ou d'utiliser. Plus de comptes ni de marchandages. C'est l'arrêt de toutes discussions. L'adoration n'est pas prosternation déshumanisante ni agenouillement d'esclave. Elle est reconnaissance d'un Dieu de surabondance.

Il n'y a guère de mots ou de formules pour ce genre de prière. Mais la densité du silence se fait tour à tour émerveillement et humilité.

Adorer : ni aliénation, ni mysticisme, mais découverte de la véritable épaisseur des choses à cause de Lui. L'amour s'épanouit toujours en silence : on reçoit l'autre tel qu'il est et dans la joie de ce qu'il est. Pour un être qui aime, plus rien n'existe hormis l'aimé. Ou plutôt, tout existe à cause de lui. L'amant découvre que tout en lui est reçu de l'aimé. En dehors de cette relation, la lumière devient fade et les joies creuses.

Nul verbe ne peut traduire l'émoi d'un cœur lorsqu'il prend conscience de cet absolu de Dieu. Il n'y a plus qu'à être là, toutes affaires cessantes, pauvre de mots et de gestes, simple présence offerte à l'émerveillement et à la gratitude.

L'adoration est la prière gratuite par excellence. Il n'y aura plus d'idées nouvelles. Il n'y aura sans doute guère de sentiments exaltés. Mais grandit l'évidence qu'*Il est* et que cela suffit. Et toute joie vient de là.

Et toute liberté aussi. Adorer maintient l'âme ouverte et l'horizon dégagé. L'homme ne peut s'accrocher aux choses ni même à l'œuvre de ses mains au point de ne plus voir qu'elles. Il en deviendrait esclave. Dans le Décalogue de Moïse, le repos sacré du Sabbat est une invitation à ne pas se laisser absorber par le travail au point d'oublier de chanter Dieu qui nous a donné cette maîtrise de la création. Le 'repos dominical' nous rappelle que l'âme est faite pour le large et que seule l'adoration offre à l'homme un espace de respiration.

Toute la journée, nous courons après le temps. Mais voici l'heure d'offrir le temps. Que pouvons-nous présenter à Dieu de plus personnel que notre temps, simplement pour lui dire : «je suis là parce que tu es là», par-delà toute rentabilité ? «Plus l'homme deviendra homme, plus il sera en proie au besoin, et à un besoin toujours plus explicite, plus raffiné, plus luxueux, d'adorer[9].»

> Je te demande en grâce,
> permets qu'un instant je me repose à tes côtés.
> Les œuvres que j'ai entreprises, je les finirai par la suite.
>
> Voici l'heure de la quiétude
> et de chanter, face à face avec toi,
> la consécration de ma vie,
> dans le silence de ce surabondant loisir[10].

Parfois, on est déçu par la prière. L'épiderme n'a pas vibré... Il n'y a pas eu de pensées nouvelles ou de belles formules. C'est vrai, la prière a souvent quelque chose de décevant. Heureusement, on pourrait confondre Dieu avec ce qu'il n'est pas. Mais peut-être avez-vous fait l'expérience de

---

9. P. TEILHARD de CHARDIN, *Le Milieu divin*, Paris, Seuil, Livre de Vie 113, 1957, p. 57.

10. R. TAGORE, *L'Offrande lyrique*, Paris, Gallimard, 1963, poème 5.

ne pouvoir lâcher la prière malgré tout. Alors vous avez commencé à entrevoir ce qu'aimer Dieu veut dire. Il est Celui dont la présence souvent prend la forme de l'absence. Il est toujours le trop lointain parce que nous le voulons tout proche. Il est Absence parce que telle est la forme suprême de la Présence. Seuls les êtres que nous aimons sont absence qui creuse le désir : il reste un intervalle entre eux et nous, distance du respect et de la non-possession, espace de pudeur et de désir. Mais l'absence des mal-aimés passe inaperçue.

Abraham

Abraham a été invité à l'adoration. Il avait un fils, un unique. Il l'avait longtemps attendu. Il avait mis tout son espoir dans cet enfant de la promesse. Dieu lui-même le lui avait donné, fécondité au cœur de ses échecs. Et voilà que l'ange du Seigneur lui apparaît et l'invite à partir vers une haute montagne pour y sacrifier son enfant, seule garantie de postérité, seul espoir d'avenir.

Ecoute, Abraham, Dieu seul est ton avenir. Lui seul mérite confiance. Tu ne peux garder tes mains crispées sur ses dons. Tu ne peux être l'esclave de rien ni de personne, pas même de ton enfant. Ne crois pas qu'en devenant propriétaire de ta vie et de tes sécurités, tu te sauveras. Dieu seul, Abraham, Dieu seul.

Il est des jours où toute réalisation devient insipide et toute œuvre, fût-ce un fils, ne peut combler le cœur qui a été ouvert par Dieu. Vient un jour où rien ne peut plus apaiser la soif qui s'avive à mesure qu'on l'étanche.

Heureux es-tu, Abraham, car à nouveau tu t'es mis en route. Déjà tu avais quitté ton pays. Aujourd'hui, tu quittes ta dernière certitude : ce fils que Dieu t'a donné. Et tu t'en vas offrir les premières gerbes de ta récolte, les prémices de ton jardin.

Peut-être ne comprends-tu pas très bien. Dieu donnerait-il pour reprendre ? Hésiterait-il à faire le bonheur de l'homme ? Ne t'es-tu pas trompé d'adresse ? Le Dieu des promesses ne serait-il que celui des illusions, immense Moloch qui engloutit tout ce qui est nôtre et jusqu'à nous-mêmes ?

Pourtant tu marches. Tu as donné ta confiance quand il faisait jour. Pourquoi la retirerais-tu quand il fait nuit ? Le Dieu de la marche pourrait-il te mener dans une errance sans feu ni lieu ?

Ouvre tes mains, Abraham. Ne retiens pas jalousement les dons que Dieu fait. N'en deviens pas propriétaire. Dieu ne se capitalise pas. A chaque instant, sois accueil de ce qu'il t'offre. En tout lieu, sois accueil de ce qu'il est. Sois adoration.

Et te voilà sur la montagne. Ton fils t'est rendu. Il était bien l'enfant de la promesse. Mais toi, Abraham, n'avais-tu pas limité cette promesse ? Ne t'étais-tu pas contenté de ce que tu avais reçu alors que Dieu est toujours promesse, sans cesse au-delà de ses acomptes ? Tu craignais que Dieu ne te reprenne ton enfant, mais il te le rend comme une nouvelle promesse, comme une jeune espérance. Ce n'était pas ton fils que tu devais sacrifier, Abraham, mais la possession que tu en avais prise (cfr Genèse 22).

Qui donnera de son temps à Dieu en pure perte, comme Abraham a donné son unique ? Mais Dieu a rendu à Abraham son fils. Il nous offrira l'éternité.

C'est toi que j'adore

Lorsqu'éclate la merveille de l'Univers
et que la beauté habille les visages et les cœurs,
lorsque la symphonie des créatures
fait sourdre en moi un chant de joie,
ô mon Dieu, je T'adore.

Lorsque le silence enveloppe les battements de mon cœur
et que la terre au creux de la nuit vient se reposer,
quand tout est calme et passivité,
ô mon Dieu, je T'adore.

Quand bondit la vie, inutile et généreuse,
quand jaillissent les hymnes de fête
et que tout proclame l'ivresse d'exister,
ô mon Dieu, je T'adore.

O Toi qui es toujours devant moi,
sans cesse plus loin et au-delà,
Toi pour qui il faut tout quitter,
Toi l'essentiel et l'Unique Nécessaire
vers qui nous marchons les mains ouvertes et tendues,
Toi, l'inaccessible lumière à l'horizon de nos ténèbres,
qui illumines notre chemin quotidien,
Toi, Dieu de tout Amour,
je T'adore.

Toi, l'inconnu au cœur de toute gratuité,
Toi, la source de toute beauté
et le jaillissement de toute abondance,
Toi, le trésor caché dans notre champ
et la perle que recueille le pèlerin,
Toi, Dieu de toute Eternité,
je T'adore.

Accueille les premières gerbes de ma récolte
et les espaces vides de mes nuits.
Recueille l'exubérance de mon allégresse
et les larmes de mes jours de tristesse,
Enlace-moi dans tes bras de tendresse,
ô mon Dieu,
Car c'est Toi que j'adore.

CHAPITRE 2

SUR LA TRACE DE L'AUTRE...

Oh ! accorde-moi cette grâce
permets que je ne perde jamais
le bonheur de la rencontre de l'Unique
parmi le jeu de la diversité.

R. TAGORE

Au jardin de l'autre

L'amitié et l'amour sont gratuité suprême. Je m'en ferai chantre pour approcher le Mystère de Dieu.

L'être humain est ouverture à autrui. La sexualité en est le signe : ni l'homme ni la femme ne se suffisent. La différence sexuelle, même au plan physique, manifeste que personne ne peut épuiser l'expérience humaine. Etre humain n'est possible que dans la *relation*, car ni l'homme ni la femme ne sont l'humanité à eux seuls.

La sexualité est sortie de soi, force centrifuge, élan vers l'autre, recherche d'autrui. Elle est le lieu de cette ouverture fondamentale de chaque «moi» vers un «autre».

Pour devenir «Je», il faut la rencontre d'un «Tu» dans l'échange, le dialogue, et jusque dans l'union. Le besoin de l'autre — ou mieux, le *désir* — révèle la faille au cœur de chaque personne et indique que l'homme ne s'accomplit jamais de façon solitaire.

La relation est le domaine par excellence de la liberté. Rien n'est prévu d'avance. Rien ne se joue en dehors de nous. C'est librement que quelqu'un se met en route vers un autre et l'apprivoise. Il passe du temps et, chaque jour, vient un peu plus près. Jamais l'homme n'est si inventif que lorsqu'il en apprivoise un autre.

Au fil des jours, tout son univers se transfigure. Nulle rentabilité, mais la vie prend un autre goût. Il n'y a pas plus-avoir mais *plus-être*. Celui qui rencontre en vérité un autre, grandit en humanité.

Et il me revient en mémoire tout le temps passé avec des amis... Les heures se consument dans la joie de la découverte réciproque où l'autre est comme un jardin enchanteur dans lequel chaque recoin égaye le regard. L'ami est celui qui permet de m'émerveiller toujours. Sans cesse tout est nouveau. Jamais je ne m'habitue. Il est de ces personnes que l'on croit avoir cernées en peu de temps. C'est tout simplement que «nous ne sommes pas en des liens si doux pour trouver tout en elles comme elles tout en nous», ainsi que disait Alceste à Célimène dans *Le Misanthrope* de Molière.

Dans l'amitié, le temps doit faire son œuvre. Qui est trop pressé jamais ne verra la fleur éclore. Il faut chaque matin approcher d'un peu plus près le Mystère de l'autre et revenir souvent. Parfois, c'est au terme de longues conversations banales que, joyau dans un écrin, un mot est dit qui nous paye de tout ce temps écoulé. Pourquoi restons-nous de longues heures à parler de tout et de rien avec certaines personnes ? Un jour, après semblable rencontre, j'ai noté dans mon carnet : «Pourquoi voulais-je rester, continuer à perdre mon temps ? Les mots venaient parfois difficilement, mais cette difficulté même attisait mon désir. Et je suis resté.» Seule l'amitié permet de telles expériences, car aimer quelqu'un, c'est être séduit par le Mystère qui l'habite.

Le mystère de l'ami

> Que manque-t-il à la femme pour être l'objet adéquat de notre amour [1] ?
>
> Paul CLAUDEL

Le mystère de l'ami, en son dernier fond, est sa relation à Dieu. Mon ami est un être unique parce que voulu par le Dieu unique. Il est un absolu parce qu'aimé par l'Absolu. La foi nous atteste que chaque personne a été désirée de toute éternité par Quelqu'un et qu'elle n'existe que parce qu'elle a été choisie dès toujours par Lui.

Voilà ce qu'il y a de sacré dans celui que j'aime. Voilà pourquoi je dois m'approcher de lui comme Moïse approchait le buisson ardent : avec un infini respect. Car l'autre m'est offert par Dieu lui-même.

Qui voudrait percer le secret de l'ami et exiger qu'il soit à nu devant lui en ferait un objet et non plus le mystère dont Dieu seul garantit l'inviolabilité. Aimer quelqu'un, c'est l'accueillir avec le *caillou blanc* que Dieu lui a donné et sur lequel est gravé un nom nouveau que personne ne connaît sinon celui qui le reçoit (cfr Apocalyse 2, 17). La pudeur est la vertu de l'amitié qui la préserve de l'indiscrétion et l'empêche de devenir une conquête.

★

Dans tout amour c'est, secrètement, le dialogue avec l'Absolu qui est inauguré. Dans l'aimé, Dieu lui-même se donne à moi, car il est l'ultime horizon de ceux que nous chérissons. Mais il ne se rencontre que si on laisse toujours la voile hissée au grand mât. Qui s'arrête en chemin perd tout. Qui poursuit la traversée vogue sur la mer de l'autre et cingle vers ce Mystère insondable toujours au grand large de nos vies, et cependant serti dans le cœur de mon ami.

Teilhard de Chardin s'écriait : «Ce que j'appelle de tout mon être, du cri de toute ma vie, et même de toute ma passion terrestre, c'est bien autre chose qu'un semblable à

1. Paul CLAUDEL, *La Ville (2e version)*, acte III, La Pléiade, p. 482.

chérir, c'est *un Dieu à adorer*[2].» Telle est la grâce qui nous est offerte au creuset de l'amitié. Qui n'a jamais, après une rencontre intense et chaleureuse avec quelqu'un, été comme saisi par la prière au point de continuer intérieurement ce dialogue inauguré avec l'ami ?

Un jeune jésuite flamand bardé de diplômes a tout laissé pour partir en usine. Il voulait vivre l'aventure de l'amitié parmi les ouvriers déchristianisés. Il était persuadé qu'au cœur de l'amitié seulement, Dieu peut être révélé. Ses notes spirituelles ont d'abord été éditées dans un petit livre auquel on a judicieusement donné le titre de *Journal de l'amitié*. Il y écrit :

> Tout comme une fleur, une tulipe par exemple, est beaucoup plus belle et infiniment plus riche en couleurs quand on la regarde à contre-jour et que les rayons du soleil luisent, non pas sur elle, mais à travers elle ;
>
> et beaucoup (comment est-ce possible ?) n'ont jamais vu cela :
>
> ainsi un homme ne peut être aperçu dans toute sa profonde richesse que lorsqu'on voit la lumière qui luit au plus profond de lui-même et illumine de là tout le reste : Dieu;
>
> et beaucoup (comment est-ce possible ?) ne s'en sont jamais rendu compte[3].

Il a encore cette admirable prière :

> Seigneur,
> J'ai cherché l'intimité de mon ami,
> et j'ai trouvé ton Intimité ;
> j'ai cherché ce qui faisait l'éternelle jeunesse de l'amour de mon ami,
> je T'ai trouvé;
> j'ai cherché le sens profond du regard de mon ami,
> et j'ai découvert ton Visage ;

---

2. P. TEILHARD de CHARDIN, *L'hymne de l'Univers*, Paris, Seuil, p. 61-62.

3. Egide VAN BROECKHOVEN, *Journal de l'amitié*, Bruxelles, Lumen Vitae, 1972, p. 22.

j'ai cherché la profondeur de l'intimité de mon ami
 et j'ai trouvé ta très profonde Intimité.
Depuis que je T'ai trouvé en mon ami,
 c'est en Toi désormais que je le cherche.
Je cherche à pénétrer dans son intimité
 en pénétrant dans ton Intimité,
à saisir son regard
 en laissant reposer mes yeux sur ton Visage,
à rencontrer son amour
 d'une manière qui reste éternellement jeune,
 en pénétrant dans l'éternelle jeunesse de ton Amour,
 terre inexplorée vers laquelle montent tous mes désirs :
 Vie du Père, de son Fils et de l'Esprit d'Amour [4].

L'enfant de la crèche est devenu noir...

Le ciel n'est pas toujours sans nuage. Dans les plus belles amitiés, tôt ou tard, l'autre déçoit. Il n'est pas parfait : découverte amère et parfois désabusée. C'est l'heure du *pardon* qui sonne.

Le pardon offre une gratuité redoublée. J'avais donné ma confiance sans que rien l'exige, je la redonne par-delà toute justice, sans que rien l'exige. Il dessine un arc-en-ciel et offre une lumière plus belle. A travers les larmes, le pardon est l'arc-en-ciel de l'amour.

Combien de fois faudra-t-il pardoner, demande Pierre dans l'Evangile. Et Jésus a répondu : «Jusqu'à soixante-dix-sept fois !» (Mt 18, 22). L'amour serait-il naïveté et l'amitié aveuglement ? Non. Aimer, c'est *espérer*. Il y a en l'autre plus profond que le mal. Il y a en lui comme une promesse.

Mais qui me dit que l'ami ne se réduit pas au mal que je viens de découvrir en lui ? Qui m'assurera qu'il est toujours au-delà de ce qu'il m'apporte et que le voyage vaut la peine d'être poursuivi ?

La question est radicale. L'homme, cet être ouvert, a pris le risque de sortir de lui-même et de s'offrir à l'autre dans l'amour. Mais en voulant fuir l'enfer de son propre moi isolé

---

4. Ibid., p. 34-35.

et coupé du reste du monde, ne tombe-t-il pas dans l'enfer d'autrui, dans l'espace clos et limité de l'autre, tout aussi étriqué que le sien ? On se souvient de la phrase désormais fameuse de Jean-Paul Sartre : «L'enfer, c'est les autres». L'autre peut-il accueillir pleinement ce que je lui confie, c'est-à-dire mon existence entière ? Ne décevra-t-il pas mon attente ? Ne vais-je pas troquer ma prison contre la sienne ? Ne trahira-t-il pas ma confiance ? Et l'amitié se fait appel d'un homme qui mérite ma confiance absolue.

Jésus de Nazareth, pour le chrétien, est cet *homme* parce qu'il vient de Dieu. Croire en lui, c'est accueillir la justification dernière de tout amour humain. Il fonde en celui que j'aime son droit à mon amour, car il ne fait qu'un avec lui sans pour autant effacer sa personnalité. C'est ce que nous révèle l'Evangile : dans l'amour prosaïquement quotidien du verre d'eau partagé ou de la visite au malade, Jésus lui-même, bien souvent dans l'incognito, est rencontré et aimé. «Seigneur, quand nous est-il arrivé de te voir assoiffé et de te donner à boire... ? — En vérité, je vous le dis, dans la mesure où vous l'avez fait à l'un de ces plus petits de mes frères, c'est à moi que vous l'avez fait» (Mt 25, 37.40).

Il ne s'agit pas de feindre l'amour du prochain pour aimer Dieu. Jésus ne dit pas : «Attention ! Je me cache derrière tous les passants et je vous surveille. Si vous êtes généreux, vous serez récompensés !» Ce qu'il nous révèle, c'est à quel point le Mystère de Dieu est impliqué dans celui de l'homme. Aimer humainement est toujours, en sa dernière profondeur, rencontre du Mystère de Dieu. Il suffit d'être fidèle à l'appel d'amour qui émeut nos entrailles.

La réalité ultime de l'amour humain est divine. Dieu n'est pas à côté des autres et comme en supplément. Il est la Réalité aimée au cœur même de l'autre et de son Mystère. Il est celui qui justifie mon amour, car il donne à mon ami sa véritable grandeur et toute sa taille d'unique. Oui, petit prince, ta rose est unique... parce que Dieu est unique.

Michel Tournier, dans un très beau récit, nous raconte l'histoire des trois rois mages. Chacun d'eux avait entrepris le voyage pour un motif différent. Gaspard, le roi nègre, avait quitté son pays à cause d'un chagrin d'amour. Il avait été trahi par sa compagne. Il cherchait à oublier.

Arrivé à la crèche de Bethléem, devant l'enfant-Dieu, il comprend le sens profond de son départ : il avait au cœur un grand amour qui aspirait à s'épanouir en *adoration*. «J'ai souffert, explique-t-il, aussi longtemps que je n'ai pu adorer. En approchant de la Crèche, j'ai déposé d'abord le coffret d'encens aux pieds de l'Enfant, le seul en vérité qui mérite cet hommage sacré. Je me suis agenouillé. J'ai touché de mes lèvres mes doigts, et j'ai fait le geste d'envoyer ce baiser à l'Enfant. Il a souri. Il m'a tendu les bras. J'ai connu alors que c'était la rencontre totale de l'amant et de l'aimé, cette vénération tremblante, cet hymne jubilant, cette fascination émerveillée.»

Mais une autre surprise attendait Gaspard à Bethléem. En se penchant sur la crèche pour adorer, il voit «un bébé tout noir aux cheveux crépus, avec un mignon petit nez épaté, bref un bébé tout pareil aux enfants africains de mon pays ! (...) Il faisait un peu sombre dans cette étable. Peut-être suis-je le seul à avoir remarqué que Jésus est nègre.» Et il conclut : «L'enfant de la crèche est devenu noir pour mieux accueillir Gaspard, le roi mage africain [5].» Personnellement, j'ajouterais : «Et tous ceux que nous aimons ressemblent étrangement à l'enfant de la crèche.» Au cœur de tout homme aimé en vérité, c'est le mystère de l'homme-Dieu que nous rencontrons. Celui que nous aimons dans notre ami, c'est Dieu lui-même qui a épousé l'humanité. Alors, ne t'étonne pas, Gaspard, si pour toi Jésus est noir : il prend toujours la couleur de nos amitiés les plus familières.

Telle est la révolution apportée par Jésus : aimer Dieu et aimer son prochain sont deux commandements semblables. Et nous n'accéderons au premier qu'en observant le second. Mais le premier est la garantie de la vérité du second. Si en effet nous supprimons l'amour de Dieu, nous risquons bien d'amputer l'autre de sa véritable grandeur et de son mystère.

Cette ressemblance entre les deux préceptes vient de ce que Jésus lui-même a fait leur unité. En lui, Dieu est devenu notre prochain et désormais, aimer notre prochain, c'est aimer Dieu lui-même. Le Dieu vivant est tellement

---

5. Michel TOURNIER, *Gaspard, Melchior et Balthazar*, Paris, Gallimard, 1980, p. 213-214.

compromis dans nos relations humaines qu'il a pris chair de notre chair. En tout homme, c'est le Dieu unique que nous rencontrons puisque celui-ci s'est fait notre prochain et que, par la Résurrection, son Mystère habite le cœur de chaque homme. Voilà pourquoi tout homme a le droit d'être aimé de manière absolue.

«Cela fait quarante-cinq ans que je cherche son visage...»

Je me souviens de ce vieux missionnaire de l'Inde, le Père Ceyrac. Juqu'à l'âge de soixante-sept ans, il avait travaillé parmi les plus pauvres de ce pays : aveugles, lépreux, intouchables... Voilà qu'il entend l'appel de l'O.N.U. à aller partager le sort des réfugiés du Sud-Est asiatique. Et il part. Dans ces camps qui réunissent tant d'angoisses et de souffrances, il est touché jusqu'aux entrailles par la misère de ses frères en humanité. Jusque dans le ton de sa voix, tandis qu'il nous parlait, je pressentais un inépuisable amour, une compassion au vrai sens du mot.

Qu'est-ce qui animait ce prêtre ? Je crois l'avoir perçu lorsque, à la fin de son entretien, il déclara : «Cela fait quarante-cinq ans que je cherche le visage du Seigneur... C'est lui que je cherchais parmi les pauvres de l'Inde... C'est encore lui que je suis allé chercher dans les camps de réfugiés du Cambodge...» Et j'entends encore sa voix vibrer d'émotion quand il nous faisait cette confidence.

Il était habité par l'immense désir du visage de Jésus, un désir qui met en route... Son regard contemplait les traits de son Seigneur en chacun des rejetés qu'il rencontrait.

N'allons pas imaginer que le Christ se superpose aux hommes et efface leur personnalité propre. Il s'agit plutôt d'une *transfiguration*. Jésus donne à chaque être une véritable dignité et une inaliénable grandeur sans pour autant prendre sa place. Pour le rencontrer, il n'est pas besoin d'oublier les traits de ceux que nous croisons. Il suffit d'aimer en vérité. Nos yeux s'ouvriront.

Jésus-Christ est celui que nous espérons lorsque nous cherchons le cœur de notre ami. A la manière de St Irénée, je dirais : «La réalité invisible que l'on désire en tout homme, c'est le Christ et la réalité visible en laquelle on désire le Christ, c'est chaque homme [6].»

Tel est le mystère de notre foi : en toi, j'aime Dieu qui s'est fait homme et qui s'est révélé plus intime à toi-même que toi. Ta véritable personnalité est cachée en Dieu. Quand je marche vers toi, c'est Lui que je cherche. Lorsque je Le cherche, c'est toi que je rencontre. Car Dieu s'est fait mon prochain le plus proche.

Cependant, mon frère ne peut devenir celui en qui Dieu s'offre à moi que si je le regarde comme un absolu. Dès que je veux le posséder ou l'utiliser à mon service, il fait barrage à la venue de Dieu et cesse d'être le sanctuaire de la Rencontre. Pour boire Dieu à la source de l'autre, il faut en être assoiffé et, pour cueillir l'Amour au cœur de toute amitié, il faut être désintéressé.

Au bout de l'Histoire, nos yeux émerveillés, s'ouvriront : «C'était donc Lui !» Et nous verrons le visage du Seigneur en pleine clarté. Dans le même regard nous découvrirons tous ceux que nous avons aimés, illuminés d'une indicible beauté. Car la beauté mystérieuse de ceux que nous aimons, c'est le Christ.

«*Sans beauté ni éclat pour attirer nos regards...*»

Lorsqu'un visage est beau et plein de grâce, lorsque le charme habille chacun de ses traits, il est facile d'être séduit, d'admirer et de se laisser emporter par les délices de l'amitié.

Mais devant un visage défiguré, où plus rien ne semble humain, devant la laideur qui recouvre le corps de ceux qui n'ont plus que la souffrance pour compagne, comment aimer encore ? La misère peut parfois être si profonde qu'elle vient saper en nous les fondations de l'amitié et de la tendresse.

---

6. Saint Irénée écrivait : «La réalité invisible qu'on voyait dans le Fils était le Père et la réalité visible en laquelle on voyait le Père était le Fils.» (*Adversus Haereses*, IV, 6, 6).

C'est alors que nous comprenons qu'il n'y a d'amour possible que si, par-delà ce masque de laideur, il y a encore et même davantage une ressemblance avec le Christ. Ce qu'il y a d'aimable en ces êtres où tout est devenu horrible, c'est le Christ...

Comment écrire cela sans frémir ? Mytère de l'homme parfois tellement abîmé que plus rien, semble-t-il, ne lui donne quelque chance d'être aimé... Ce jour-là, son seul espoir, qu'il le sache ou non, c'est d'être toujours et encore davantage présence du Christ.

> Comme un surgeon, il a grandi,
> comme une racine en terre aride,
> sans beauté ni éclat pour attirer nos regards
> et sans apparence qui nous eût séduits.
> Objet de mépris, abandonné par les hommes,
> homme de douleur, familier de la souffrance,
> comme quelqu'un devant qui on se voile la face,
> méprisé, nous n'en faisions aucun cas.
> Or ce sont nos souffrances qu'il portait,
> et nos douleurs dont il était chargé...
>
> Isaïe 53, 2-4

C'est le *Chant du Serviteur Souffrant* écrit par le prophète Isaïe cinq siècles avant la Croix du Golgotha. Il pressentait jusqu'où irait la grandeur de Dieu et il savait qu'elle serait méconnue. Qui aurait pu imaginer que la Majesté divine parte à la rencontre de l'homme jusque dans cet enfer où la souffrance est parfaitement inhumaine ? Qui La reconnaîtra aujourd'hui dans la nudité de la misère ?

Or là, le Christ est présent. Et certains ne s'y sont pas trompés. Je pense aux Missionnaires de la Charité de Mère Teresa. Qu'y a-t-il apparemment d'encore humain dans ces mourants de Calcutta qu'elles recueillent ou dans ces bébés décharnés qu'elles soignent ? Qu'y a-t-il d'encore aimable dans ces lépreux difformes ou dans ces grabataires qui hantent les trottoirs de la métropole tentaculaire ?

Et pourtant, merveille de tendresse, les 'sœurs' n'ont de cœur que pour ces plus pauvres d'entre les pauvres. Elles ont reconnu en eux Jésus Christ. Elles y ont discerné son visage de crucifié et, au fond de ses yeux, elles ont aperçu une étincelle de Pâques.

Pour certaines personnes, la seule dignité qui subsiste encore, c'est Jésus Christ.

Mais cette dignité-là, nul ne pourra la leur ravir. Et ceux qui ont reconnu en eux le Seigneur sont enflammés d'un feu inextinguible. «Le jour où mes sœurs ne verraient plus dans les pauvres le visage de Jésus, leur travail leur deviendrait impossible», prétend Mère Teresa. Et qui de nous la contredirait ?

Qu'allait chercher un Père Damien chez ces lépreux qu'il n'avait jamais vus ? Et le Père Ceyrac, pourquoi est-il à nouveau parti vers une misère plus grande ? Parfois, rien n'explique l'amour sinon l'appel secret de Jésus Christ qui nous invite à espérer son visage au cœur de *tout* homme.

Les épines et la fleur

Et l'Evangile ose encore un pas de plus : «Si vous aimez ceux qui vous aiment, si vous réservez vos salutations à vos frères, que faites-vous là d'extraordinaire ?...» (cfr Mt 5, 46-47). «Eh bien, moi je vous dis : aimez vos ennemis » (5, 43).

L'Evangile est tellement *humain.* Il épouse nos désirs les plus profonds et vient dire haut et clair l'aspiration la plus secrète de l'homme. Pourtant, dans les paroles de Jésus, il y a toujours quelque part un point de rupture où la mesure de nos sages modérations semble dépassée. Qu'il faille aimer, oui !... mais jusqu'à donner sa propre vie ? Qu'il faille servir, oui !... mais jusqu'à prendre la dernière place ? Qu'il faille risquer, oui !... mais jusqu'à tout donner aux pauvres ?

Au cœur du Sermon sur la montagne retentit cette exigence qui vient briser le cercle facile de nos amitiés : aimez vos ennemis. Il n'y a ici ni illusion ni naïveté. Un ennemi restera toujours — ou presque toujours — un ennemi. Jésus ne nous affirme pas que notre amour sera fort au point d'en faire un ami. Lui-même sur la croix n'a pas eu raison de la haine qui le clouait là. Jusqu'à la dernière minute, il a suscité sarcasmes et blasphèmes. Décidément, l'amour des ennemis n'est pas rentable.

A vrai dire, il ne se justifie pas. Il n'a qu'un seul argument pour lui : Dieu aime ainsi. «Aimez vos ennemis et priez pour vos persécuteurs, afin de devenir les fils de votre Père qui est aux Cieux, car il fait lever son soleil sur les méchants et sur les bons, et tomber la pluie sur les justes et les injustes» (Mt 5, 45). Ici, tout devient véritablement *divin*, car ce qui n'est pas possible à l'homme l'est à Dieu.

Rompre la spirale de la vengeance, tel est le premier pas. Déjà l'Ancien Testament l'avait compris. Il n'y a pas de vie sociale possible si pour un œil, on en exige deux. Mais Jésus demande encore de souhaiter le bonheur de ceux qui nous haïssent. Prier pour eux signifie présenter à Dieu notre profond désir que notre ennemi s'humanise, que le mal ne lui soit pas retourné. Lorsque l'on a prié ainsi, le haïr devient impossible. On ne peut plus lui promettre qu'il sera puni en enfer ! Au contraire : l'espérance nous envahit qu'un jour — peut-être — nous serons réunis par-delà nos querelles et nos guerres, dans le Royaume. «Aujourd'hui même tu seras avec moi dans le Paradis !» Mais Jésus n'a pas promis à l'autre larron qu'il serait à la même heure en enfer !

Ces paroles n'ont pas pour but de nous culpabiliser : jamais nous n'aurons pour nos ennemis la même tendresse que pour nos amis les plus chers. Mais nous pourrons toujours refuser de répondre au mal par le mal et offrir, quand il est possible, une fleur là où on nous tend des épines. Car mon ennemi est aussi habité par le Mystère de Dieu.

Qui ouvrira toutes mes portes ?

Chaque fois que fleurit une nouvelle amitié, des pans entiers de notre personnalité, insoupçonnés jusqu'alors, viennent au jour. L'ami est celui qui peut susciter en moi de nouveaux paysages et qui me révèle qui je suis. Tant d'hommes recèlent en eux des trésors que jamais personne n'a déterrés.

Sans les autres, je ne pourrais pas naître à moi-même. Et ma vocation est d'éveiller les autres à eux-mêmes. Chaque amitié est comme une nouvelle naissance pour les deux compagnons.

«L'ami dans l'homme, c'est la part qui est pour toi et qui ouvre pour toi une porte qu'il n'ouvrira sans doute jamais ailleurs» écrivait Saint-Exupéry. Mais qui donc ouvrira *toutes* mes portes sans les forcer ? Qui m'aimera assez pour me faire naître totalement ? Qui prononcera ce *je t'aime* inconditionnel auquel tout mon être aspire ?

Toutes ces amitiés, marquées par la finitude et les limites humaines, viennent libérer en nous le désir d'un amour *total* qui puisse fonder jusque dans ses racines notre existence. Elles nous mettent en route vers Celui qui révélera les profondeurs cachées de notre personnalité et suscitera en nous des possibles toujours nouveaux. Elles nous font soupirer après cet «être dont l'amour pour nous passerait radicalement notre indignité et les fluctuations de notre amour pour lui» (Nabert).

Si nous voulons croire jusqu'au bout au Mystère de l'homme, nous sommes mis en face d'un Dieu plus intime à nous-mêmes que nous-mêmes. Il s'annonce dans chacune de nos rencontres comme l'Autre par excellence, mais l'Autre sans distance, en absolue proximité. Son amour nous connaît dans le moindre détail, car «c'est lui qui nous a tissés dans le ventre de notre mère» (Psaume 139). Dans un éternel présent, il éveille chacun de nos matins et nous offre en cadeau à nous-mêmes. Comme un arbre dont la parure sans cesse se renouvelle, notre vie s'épanouit sous le soleil de Dieu. Et le royaume sera le jardin d'un éternel printemps.

Ne craignons pas ! Le Créateur n'est pas un propriétaire exigeant qui revendiquerait comme siennes toutes nos richesses. L'amour est capable de faire naître dans l'être aimé des dimensions inouïes qui pourtant sont bel et bien propriété de celui en qui elles apparaissent. C'est pourquoi Dieu est *Père* et non pas fabricant. Jamais un père ne se dira possesseur de ce qu'il a fait éclore en son enfant. L'amour, en effet, va de pair avec le don de la liberté. Aimer quelqu'un, c'est le donner à lui-même et en faire le véritable sujet de son existence.

Lorsqu'un enfant sourit pour la première fois, c'est en réponse au sourire de sa mère qu'il esquisse cette nouvelle mimique. C'est *son* sourire, à nul autre pareil, mais il l'a cueilli sur le visage maternel. Mystère de l'amour où tout est de moi et par l'autre, inextricablement.

Comme l'ami, Dieu nous fait naître et exister libre face à lui. Il n'est pas puissance écrasante qui se créerait des sujets, mais exubérance de vie qui fait jaillir une richesse multiforme d'êtres. Il est liberté qui tire du néant d'autres libertés. Aimer, c'est rendre libre. En face du Dieu d'amour, nous avons donc pleine consistance, tout en lui étant redevable de tout. Et il accueille notre action de grâces dans un suprême détachement.

En quête d'éternité

> Tout désir veut l'éternité.
>
> NIETZSCHE
>
> Dieu m'est nécessaire parce qu'il est le seul être qu'on puisse aimer éternellement.
>
> DOSTOIEVSKI

Dans tout amour, il y a une quête d'éternité. L'homme aspire à se donner totalement à quelqu'un qui l'accueillera sans fin. Ainsi seulement sa vie trouvera un sens plénier.

Je ne crois pas qu'il soit de l'essence de l'amour véritable d'envisager un terme à la relation. Que de souffrance, d'ailleurs, lorsqu'un couple se défait ! Quel déchirement dans la vie de ceux qui se réveillent un matin devant l'impossibilité de poursuivre la route commencée à deux !

Il est vrai qu'aujourd'hui certains n'osent plus croire à une fidélité qui soit autre chose qu'une prison. Y a-t-il naïveté à croire que l'autre est comme une maison où un trésor est enfoui ? Est-ce une erreur d'espérer qu'il sera capable de nous émerveiller sans jamais nous lasser ?

Si dans les chansons *amour* rime avec *toujours*, c'est qu'effectivement, il y a en l'homme ce désir de se totaliser dans un mot d'amour. Il pressent, fût-ce obscurément, que l'amour franchit la mort et qu'il y a en lui une promesse d'éternité. Y ajouter des conditions, des limites ou des clauses de résiliation serait le tuer.

«Aimer, c'est dire à quelqu'un : toi tu ne mourras jamais», disait Gabriel Marcel. Et le lui dire éternellement.

Pourtant un jour la mort viendra. Serait-ce un déni opposé par la dure réalité ? Faut-il faire son deuil de l'espoir qui nous habitait ? Non ! L'espoir doit céder le pas à l'*Espérance*, car l'aurore de Pâques illumine d'une clarté matinale ceux que nous aimons. Ce premier matin nous laisse entrevoir que *la relation d'amour passe la mort* et qu'elle est transfigurée en Dieu[7]. «Car l'amour est fort comme la mort, la passion implacable comme l'abîme. Ses flammes sont des flammes brûlantes, c'est un feu divin ! Les torrents ne peuvent éteindre l'amour, les fleuves ne l'emporteront pas» (Cantique des cantiques 8, 6).

Si nous nous jetons dans l'aventure de l'amour véritable, nous entendons qu'au cœur de la fidélité nous est murmurée cette promesse d'éternité. Aimer un être définitivement mortel est une contradiction insoutenable. Ce n'est possible qu'en se voilant les yeux et en se leurrant l'un l'autre. *Aimer, c'est espérer.* C'est croire que l'autre en vaut la peine pour toujours et être pour lui messager d'éternité. C'est ouvrir ses portes l'un pour l'autre sans jamais les refermer. L'amour exige la vie éternelle.

Nulle preuve en tout ceci. Mais je veux prendre au sérieux la randonnée terrestre et croire que rien ne peut trahir le *désir* qui habite le cœur de l'homme. Loin d'être pure illusion qui tôt ou tard devra se rendre à l'évidence, il est suscité par Dieu lui-même qui toujours vient à nous. Mon ami ne décevra pas ma quête, car il m'est donné sur fond d'éternité par le Tout-Amour.

«*Quand tu souffres, j'ai mal*»

«C'est dans le besoin qu'on reconnaît ses vrais amis.»

---

7. Je me permets de renvoyer à mon livre *Au jardin de Dieu* où j'ai déjà traité ce thème, p.62-63.

La *souffrance* est le test d'une amitié. Elle n'est pas un but en elle-même, mais une relation qui est passée à travers elle, en sort grandie, ou bien meurt.

Seul l'ami peut approcher la souffrance. Non point avec des mots ni de grands gestes, mais par sa présence silencieuse qui rejoint l'autre là où il est.

Un fossé énorme sépare celui qui souffre de ceux qui veulent l'aider. Devant la douleur de l'être aimé, on se sent impuissant. A Gethsémani, les trois apôtres qui accompagnaient Jésus dans son agonie n'ont pu que se tenir à la distance d'un jet de pierre. Ils se sont endormis... Impossible communion. Car c'est au plus intime de lui-même que l'ami est touché. C'est le fond de son âme qui saigne. Et qui peut rejoindre l'autre dans ce sanctuaire ? On se sent à la fois proche et étranger. On voudrait prendre sur soi la peine de celui qui pleure, mais on ne peut approcher d'assez près. La distance demeure infranchissable.

Notre capacité d'aimer est limitée. Nous souhaiterions ne plus faire qu'un avec l'aimé au point que sa douleur soit nôtre. Mais est-ce possible ? Partager la joie est parfois tout aussi difficile : qui n'a jamais ressenti un peu de jalousie devant le bonheur d'autrui ?

Dieu n'est qu'Amour. Sa capacité d'aimer ne connaît nulle limite. Comment va-t-il se situer devant la souffrance des hommes ?

Jésus de Nazareth s'est approché de ses frères et de leurs cœurs meurtris au point de ne plus faire qu'un avec eux. En lui, Dieu vient épouser notre misère pour en alléger le poids.

Jésus s'est penché sur toutes les souffrances. Il a redessiné le paysage avec toutes ses couleurs pour l'aveugle de naissance et il a repris les béquilles du boiteux. Il a déchiré l'édit de bannissement qui frappait le lépreux et permis aux chants de fête de réjouir l'oreille du sourd. Il a brisé le mur de la mort entre une femme et son fils unique. Il a guéri ceux que des esprits mauvais tourmentaient.

Mais Jésus a surtout rencontré la misère du péché qui est le véritable bagne de l'homme. Il a rejoint dans sa prison de solitude et de mépris la femme qui pour tout diplôme n'avait que son péché. Il a donné à Zachée d'imaginer des lendemains plus honnêtes et, sans arrière-pensée, il s'est attablé avec les pécheurs et les publicains.

Regardez la centième petite brebis sur les épaules du berger éperdu de joie. Cette petite fuyarde cause plus de bonheur à son maître que les quatre-vingt-dix-neuf autres. Pourtant c'était la faute de la petite brebis : tout comme l'enfant prodigue, elle voulait sa part à elle pour vivre sa vie. Mais le pasteur oublie ses reproches et il la met sur son dos. Pour porter le péché du monde, Jésus porte le pécheur.

Lorsque Jésus de Nazareth guérit un malade ou pardonne un pécheur, il n'essuie pas le mal comme une faute sur un tableau noir. Ce serait de la magie. Il est dangereux de trop parler de la *puissance* de Jésus, car on en vient à oublier qu'il ne s'agit que de la puissance de l'*amour*. Et celle-là conduira le prophète à l'impuissance radicale de la Croix ! Jésus n'est pas un magicien auquel, parce qu'il est Fils de Dieu, rien ne résisterait. Il est un amoureux dont la capacité d'aimer, puisée au cœur de Dieu, ne connaît pas de bornes.

Quand on aime, on désire se revêtir de la peine de l'ami pour qu'il ne souffre plus. Jésus, en qui tout l'amour de Dieu habite, aimera les siens jusqu'à l'extrême : il prendra sur lui toute leur souffrance. A la croix, toute la douleur de ceux qu'il a guéris est sur lui comme un plaie vive. Le péché qu'il a pardonné retombe sur lui et il meurt accusé de blasphème. Il avait été chercher sa petite brebis égarée dans les broussailles et voici qu'il se retrouve couronné d'épines.

> Ce sont nos souffrances qu'il portait,
> et nos douleurs dont il était chargé.
> Et nous le considérions comme puni,
> frappé par Dieu et humilié.
> Mais lui, il a été transpercé à cause de nos crimes,
> écrasé à cause de nos fautes.
>
> Isaïe 53, 4-5

Mère Teresa, un jour, déclarait : «Il faut aimer les autres jusqu'à ce que cela fasse mal.» C'est le plus beau commentaire de ce texte d'Isaïe.

Merveille de l'amour de Jésus qui a pu s'approcher de notre misère au point de la faire sienne ! En cela il est vraiment Dieu, car Lui seul peut prendre notre place sans nous empêcher d'être nous-mêmes. Le véritable ami est capable de ne plus faire qu'un avec celui qu'il aime et en même temps de garder la distance du respect. «L'amour, disait le philosophe Schelling, est d'une manière incomparable l'unité de deux êtres qui restent différents et qui pourtant, dans leur liberté mutuelle, ne peuvent pas être l'un sans l'autre.»

La révolte du Nazaréen

Jésus a communié à notre souffrance jusque sur la Croix. Mais sans résignation. Il n'est pas venu nous dire de tout supporter patiemment avec pour seule consolation sa présence. Nul compromis ni demi-mesure dans l'histoire de Jésus, mais une ardeur de vivre et un élan irrésistible. La foi chrétienne n'est pas dolorisme mais volonté de prendre la vie à bras-le-corps pour que la joie éclate en une symphonie toujours nouvelle.

Jésus de Nazareth était un révolté. Il ne pouvait admettre la misère de ces pauvres hères qui traînent leurs infirmités depuis des années. Il ne pouvait tolérer que la mort déchire le tissu de tendresse tissé au fil des jours entre une veuve et son fils unique. Comment se réjouir du soleil qui inonde les champs de blé et les vignes tandis qu'un aveugle jamais n'a vu la lumière ? Ses nuits de prière étaient peuplées par tant de boiteux que la musique ne peut faire danser et tant de sourds que le chant de l'oiseau n'égaye pas.

Jésus de Nazareth était un révolté. Il a arraché les barreaux qui enfermaient la pécheresse dans un cachot de jugements. Il a rejoint le lépreux que la loi et les coutumes avaient mis au ban de la société. Il a levé les yeux vers ce collaborateur de Zachée que ne fréquentaient plus les gens bien. Il s'est tressé un fouet de cordes — eh oui ! — pour balayer tous les marchandages dont nous badigeonnons Dieu et purifier nos ambiguïtés.

Jésus de Nazareth était un révolté et, comme tant d'autres, il l'a payé de sa vie. Il aurait pu se calmer. Il aurait dû être plus raisonnable et écouter la voix de la sagesse... Non. Rien n'a éteint le feu qui brûlait en lui. Il a été jusqu'au bout de sa révolte... *à la face de Dieu* : «Mon Dieu, mon Dieu, pourquoi m'as-tu abandonné ?» (Mc 15, 34).

N'est-ce pas un cri de sédition ? Qui oserait en appeler ainsi à Dieu ! Qui risquerait de l'accuser d'abandon ? Pourtant ce furent les dernières paroles de Jésus.

Il pouvait bien crier vers Dieu, lui qui avait pris la vie au sérieux. Il avait le droit de faire entendre sa question, lui qui avait tout misé dans l'aventure. Ses mots sonnaient vrai. Sa plainte était justifiée.

Ecoutez son cri qui ne fait plus qu'un avec toutes les misères du monde, avec toutes les angoisses et toutes les déceptions humaines. Ecoutez-le qui expire au cœur de toutes nos détresses, dans notre nuit de solitude. Entendez le cri de cet homme aux prises avec le mal et la mort. Ecoutez l'oiseau blessé et recueillez la fleur coupée...

Mais dans ce cri jeté à la face de son Père, il y a la *foi, la vraie* ! Ne faut-il pas beaucoup de confiance pour crier à quelqu'un sa révolte ? Peut-on mettre à nu sa douleur devant n'importe qui ? Jésus savait bien à qui il adressait sa question pleine de supplication. Il savait bien que Dieu ne peut nous abandonner, même si toutes les apparences sont contre lui, car il est un Dieu de fidélité. Et Jésus a fait confiance, nocturnement, au cœur même de sa révolte.

Une foi obscure et sourde palpite et gronde dans son désespoir. Déjà une lumière s'annonce à l'aurore de l'horizon. Et le matin de Pâques ne l'a pas déçu. Jésus a eu raison de crier vers Celui-là. Car Il écoute la colère de l'homme et Il n'est pas insensible, Lui, à notre soif. Jésus savait ce qu'il faisait en soupirant vers son Père.

La révolte habite toujours la foi. Car la foi est un refus de ce monde abîmé, refus plein d'une confiance parfois douloureuse, toujours mystérieuse. Et Dieu répond. Souvent il semble n'y avoir que le silence, un silence long comme un samedi-saint coincé entre la douleur de la Croix et la joie de Pâques. Mais Dieu répond toujours.

La foi est pour les révoltés. Elle vibre au cœur de notre sédition contre toutes les limites et tous les esclavages qui nous enserrent. Elle naît lorsque la tempête de nos cris et de «nos poings d'interrogation» bondit sur la plage de Dieu et que les vagues de notre véhémence viennent battre de plein fouet les rivages célestes.

Croire, c'est vivre avec audace et vouloir que les autres vivent. Marthe et Marie ont aussi découvert la foi dans la révolte. Leur frère Lazare était mort. Jésus, bien connu pour ses miracles, aurait pu être là et empêcher cela. «Seigneur, si tu avais été là, mon frère ne serait pas mort...» Marthe ose ce reproche. Elle n'a pas tort, car son reproche est enveloppé de confiance : «... Mais je sais que tout ce que tu demanderas à Dieu, il te l'accordera !» Et Jésus de répondre : «Ton frère ressuscitera.» Notre foi, au cœur même de nos reproches, peut faire vivre les autres. Et nous savons que Lazare est sorti vivant du tombeau (Jn 11).

Nous avons raison de ne pas nous résoudre à la mort de l'aimé. Nous avons raison de ne pas accepter ce monde d'injustice. Nous avons raison et Dieu nous donnera raison. Comme il a donné raison à Jésus. Comme il a donné raison à Marthe. Car il n'a pas encore dit son dernier mot.

Si Dieu est Dieu, il ne peut tolérer la solitude de tant d'esseulés ni les tortures de l'innocent. Jamais il n'admettra la mort de l'homme ni la souffrance. Est-il possible que Dieu ne soit pas du côté de tous les révoltés et des maquisards de l'Espérance ? Notre révolte est celle même de Dieu. «La foi, disait Karl Barth, est un désespoir confiant.»

Il n'y a pas de foi sans révolte. Mais il n'y a pas de révolte sans *passion*, passion de vivre, passion de souffrance.

Vers toi, Seigneur, nous crions

La foi est une révolte. Mais au nom de l'amour et non pour se hisser sur le podium. Nous devons d'abord chercher le bonheur des *autres*. C'est l'amitié pour eux qui nous fait prendre le chemin de l'espérance. Dans une conférence, Karl Rahner souhaitait que l'on remplace l'adage bien connu *sauve ton âme* par *sauve ton prochain*. La seule manière de se sauver est de sauver son frère. Il n'y a d'accomplissement que dans l'amour et de salut que tous ensemble. «Que dirait-il, demandait Péguy, si nous arrivions là-haut les uns sans les autres ?»

L'expérience, cependant, nous apprend qu'au bout de la lutte il n'y a pas toujours la victoire. Celui que j'aimais est mort. Celui qui souffrait a succombé. L'injustice augmente son empire et la faim poursuit ses ravages. L'action ne donne jamais tous les résultats escomptés.

Essaiera-t-on alors la *prière* ? Mais n'est-ce pas démission ou lâcheté ? Si la prière prend la place de l'engagement, elle est effectivement un leurre et une solution de facilité. Mais si elle accompagne nos gestes de compassion et d'entraide, si elle habite nos révolutions et nos projets de développement, alors elle prend tout son sens.

«Demandez et vous recevrez, dit l'Evangile. Frappez et l'on vous ouvrira !» (Mt 7, 7). Pourtant, que de prières déçues, que de supplications non exaucées ! Pour beaucoup, la *prière de demande* fait difficulté : pour qui prend-on Dieu ? Mais à le reléguer trop vite dans son ciel, sans plus rien lui demander, on risque d'en faire un Seigneur trop absent et indifférent à cette pauvre existence qu'est la nôtre.

Je crois cependant de plus en plus à l'importance de la prière de demande. Elle consiste à *libérer devant Dieu tout mon désir* pour l'autre d'abord, pour moi ensuite. Elle est un cri sorti du plus profond de mes entrailles et adressé à Dieu avec cette certitude que toujours il exauce le désir de l'homme. Sinon maintenant et tout de suite, un jour cependant : il essuiera toutes larmes de nos yeux. Telle est notre Espérance.

Cet à-venir que Dieu nous promet doit rencontrer notre désir le plus intime comme un greffon qui ne peut prendre que sur la plaie encore vive de l'arbre. Soyons des êtres de *désir*, mais d'un désir *orienté vers les autres*.

Il n'est pas possible que Dieu sans fin soit sourd à l'appel de cette mère qui crie pour que son enfant vive (voir Luc 18, 1-8). Il n'est pas possible qu'il n'ait pas d'oreilles pour tous ces peuples qui souffrent l'oppression et la déshumanisation.

Dans la prière, nous nous tournons vers notre Père, car nous croyons qu'au cœur même de notre action, Lui seul peut nous donner l'accomplissement total et offrir à l'homme tout le bonheur qu'il cherche obscurément. Par nos cris, nous le supplions de déverser en nous la plénitude de son amour.

Si nous continuons à appeler en pleine nuit, c'est qu'au plus profond de nous, une source murmure l'Espérance au pays de la soif : «Quand s'éveilleront nos cœurs à la voix du Dieu vivant, nous retrouverons la source du bonheur. Quand se lèveront nos mains pour chanter le Dieu vivant, nous retrouverons l'espoir des lendemains [8].»

Ne nous y trompons pas. A travers et par-delà les requêtes concrètes que nous présentons, c'est l'*essentiel*, invisible pour les yeux, que nous recherchons. Par nos cris, c'est vers *Dieu lui-même* que nous soupirons. Dans nos prières, c'est *Lui* que nous espérons. Car Lui seul est à la taille du cœur humain. Dans notre attente, c'est après le Royaume que nous languissons car, comme l'écrivait Rimbaud, «La vraie vie est ailleurs». Par delà notre quotidien, nous devinons déjà un autre Jour où la lumière sera sans couchant.

Toutes nos déceptions et nos prières restées apparemment vaines ne font que relancer en nous le désir du seul bien véritable, de l'Unique Nécessaire. La prière de demande nous met dans l'attente de ce Jour qui sera le dernier et de cette Parole de Dieu qui sera son dernier mot.

> Celui qui siège sur le trône les abritera tous sous sa Tente.
> Ils n'auront plus faim.
> ils n'auront plus soif.
> Le soleil et ses feux ne les frapperont plus
> car l'Agneau qui se tient au milieu d'eux sera leur berger
> et il les conduira aux sources d'eaux vives.
> Et Dieu essuiera toutes larmes de leurs yeux.
>
> Apocalypse, 7, 15-17

Loin de moi de vouloir dévaloriser l'austère présent. Mais en m'y plongeant, la joie que j'y trouve me met en quête d'une joie sans ombre et la misère que j'y rencontre me fait espérer un «ailleurs».

---

8. Chant liturgique de Michel SCOUARNEC - Fiche E 160, Editions SM.

Prier avec un cœur d'infirmière

Dieu ne peut venir que dans un cœur *désirant.* Les premiers siècles chrétiens ont été marqués par l'attente du retour du Seigneur, la *Parousie,* qui devait inaugurer le monde nouveau. Les assemblées liturgiques retentissaient de cette acclamation *Marana Tha !* qui se traduit : «Oh oui ! Viens, Seigneur Jésus !» (Apocalypse, 22, 20). Ce cri clôture le Nouveau Testament ou, plus exactement, l'ouvre sur un *à-venir.*

La flamme du désir brûle-t-elle encore en nos cœurs ? Dans notre liturgie actuelle, le temps de l'attente est celui de l'*avent* (*adventus,* en latin, signifie *venue*). Mais nous avons fait de Noël un anniversaire profane, où l'on compte les années qui nous séparent de la naissance du Christ. Or Noël nous apprend à calculer autrement : chaque jour nous rapproche de *ce Jour où Il reviendra.* «Le Seigneur ne viendra vite que si nous l'attendons beaucoup. C'est une accumulation de désirs qui doit faire éclater la Parousie. Il faut, coûte que coûte, raviver la flamme. Il faut à tout prix renouveler en nous-mêmes le désir et l'espoir du grand Avènement [9].»

Prier, c'est attendre avec espérance ce grand jour. L'attendre pour soi, et surtout pour les autres. De plus en plus, je suis convaincu qu'il faut prier pour nos frères : le Seigneur, quand il viendra, les comblera à la mesure de notre attente.

Supplier pour quelqu'un n'est possible que si je l'aime vraiment. Il y a toujours moyen de se contenter d'une litanie d'intentions qui n'exprime aucun sentiment vrai et, de plus, ne nous engage à rien. Mais prier en vérité pour mon frère, c'est être concerné par son appel au point de le faire mien. C'est faire mienne cette souffrance qui crie vers le Tout-Autre et accueillir en moi cette blessure ouverte qui gémit après l'apaisement. C'est attendre avec lui la rencontre définitive du Seigneur de toute joie.

---

9. Pierre TEILHARD de CHARDIN, *Le Milieu divin,* Paris, Seuil, 1957, Livre de Vie 113, p. 181-182.

De cette prière naîtra une réelle *sympathie* — souffrance avec — et une communion profonde. Mais cela suppose un *cœur d'infirmière*. L'une d'elles m'écrivait : «Quand tu te retrouves devant quelqu'un qui ne respire plus que parce que tu actionnes toi-même le ballon à oxygène, cela te fait quelque chose au plus profond de toi-même...» Il faut un cœur douloureux pour prier en vérité. Seul celui qui aime peut être blessé. Sur ce sol, une vraie supplication peut germer.

N'oublions pas cependant de laisser à Dieu l'occasion de nous surprendre. Ne l'enfermons pas dans nos catégories préétablies en l'empêchant d'intervenir comme il lui plaît, avec la discrétion qui le caractérise. Dieu est libre ! Parfois, il aime à nous faire signe. «Avoir la foi, comme le dit Pierre Talec, c'est être capable de voir les délicatesses de Dieu.»

Nos prières ne sont pas toujours exaucées de la manière dont nous l'avions souhaité, mais jamais Dieu ne refuse son Esprit Saint. Telle est finalement la vraie demande pour l'aujourd'hui : «Seigneur, envoie-nous ton Esprit pour que nos cœurs de pierre deviennent charnels.» La plus grande grâce que nous puissions obtenir pour ceux que nous aimons, c'est le Souffle divin qui embrase les cœurs qui s'y abandonnent.

Mariage et célibat

La croix de tout amour est d'être écartelé entre deux vocations : celle d'aimer toutes les personnes et celle de se donner totalement à l'une d'entre elles. Il y a là une double exigence que nul ne peut honorer complètement. Voilà pourquoi il y a deux états de vie, le célibat et le mariage. Tous deux expriment de manière aussi radicale ce qu'est aimer.

Aimer, c'est dire à quelqu'un : «Tu es mon *unique*. Tout mon bonheur dépend de toi et c'est à toi que je veux donner *tout* ce que je suis.» L'union des corps vient sceller ce vœu en un don sans retour. En chacun d'entre nous vibre le désir d'être unique pour quelqu'un et de pouvoir en un geste lui offrir la totalité de mon être.

Mais le mouvement d'amour porte également en lui une exigence d'universalité : «En toi, c'est tous les hommes que je veux aimer. Par toi, c'est l'humanité entière qui est l'objet de mon amour. Avec toi, je veux regarder dans la direction des autres.» Car un amour qui se voudrait limité ne serait que caricature, que désir de possession.

Le temps des fiançailles est le moment des premiers pas dans la découverte mutuelle. On s'enchante réciproquement du mystère de l'autre. Laissez les fiancés se retirer dans leur îlot de tendresse ! Un jour, ils se tourneront ensemble vers la multitude et leurs enfants viendront inscrire au cœur même de leur couple cette dimension d'universalité qui est la vocation de tout amour.

Aimer, c'est aussi vouloir que *tout homme* soit mon frère. Vivre cette fraternité universelle est la vocation du célibataire. Lorsqu'on voit une mère Teresa se pencher sur toute la misère humaine, celle des enfants comme celle des mourants, on ne peut s'empêcher d'être remis en question. Le célibat a une véritable fécondité. Il n'est pas, comme beaucoup le croient, l'échec de l'amour, mais il manifeste une de ses composantes essentielles : l'universalité.

Tout comme l'amant peut se noyer dans l'autre au point de ne plus vouloir que lui, le célibataire peut devenir ce vieux solitaire, incapable d'aimer quelqu'un sous prétexte d'aimer tout le monde. Mais la véritable grandeur du célibat est de pouvoir devant *chaque* être prononcer avec tendresse ces mots : «Tu es unique à mes yeux !» Tant d'hommes et de femmes, familiers de la souffrance et écorchés vifs par la solitude, n'attendent-ils pas une telle déclaration ? Qui rejoindra toutes les misères cachées et accueillera tous les désespoirs ?

Nul ne peut vivre à part entière et simultanément ces deux dimensions de l'amour. Telle est la finitude de l'homme. Il ne peut être à la fois frère et époux.

En Dieu danse la plénitude de l'Amour. Il est à la fois le Père de tout homme et l'Epoux de chacun. Il peut aimer chacun de façon unique et totale sans rien enlever aux autres. Il aime et n'est qu'Amour. A chaque personne, il déclare : «Moi, je ne t'oublierai jamais ! Vois : j'ai gravé ton nom sur les paumes de mes mains» (Isaïe 49, 15-16). Lorsqu'on entend cette phrase en regardant les mains du Christ clouées sur la croix, on mesure le prix que nous avons aux yeux de Dieu.

En Jésus-Christ, en effet, éclate cette plénitude de l'Amour divin. «Ceci est mon corps livré pour vous.» A l'Eucharistie, *chacun* peut recevoir au creux de ses mains la *totalité* du don que Dieu fait de lui-même. Que donner de plus que son propre corps et sa vie entière ? L'amour de Dieu est si grand qu'il peut tout offrir à chacun sans que quiconque soit lésé.

Le cadeau, dans l'amitié, symbolise ma personne : «Je t'apporte ces quelques fleurs. A travers elles, c'est moi qui me donne à toi.» Tel est le véritable cadeau lorsqu'il ne se réduit pas à une simple convention. Car alors, loin d'exprimer le don de moi-même, il devient l'alibi qui me permet de me réserver.

Mais hélas, nous restons toujours à distance de ce que nous offrons. Nous ne sommes jamais totalement 'présents' au geste que nous posons. Et le bouquet de fleurs se fane...

Lorsque Jésus prend le pain et nous le donne, son amour est tellement vrai qu'il n'y a plus de distance : le pain, c'est lui-même. L'amour est capable de tout transfigurer. Réellement, dans ce pain, il nous fait cadeau de la totalité de son être. A chacun, cette déclaration nuptiale est adressée : «Ceci est mon corps livré pour toi.» Et saint Paul, en écho, confessait : «Il m'a aimé et s'est livré pour moi» (Gal. 2, 20).

Ce pain défie le temps. Il est partagé pour l'éternité. Jusqu'à la consommation des siècles, l'amour de Dieu envahit petit à petit, au gré de notre liberté, l'étroite patrie du quotidien.

L'homme est espérance d'aimer comme Dieu aime. «Au jardin de Dieu», il n'y aura plus de divorce entre l'universalité de l'amour et sa singularité. Car nous osons prendre au sérieux le désir qui nous habite et croire qu'il sera exaucé. Oui, un jour, nous aimerons comme Dieu aime et chacun de nous sera ce *frère unique* qu'il mérite d'être.

A l'image et à la ressemblance du Dieu-Trinité

L'homme, mystère de gratuité, s'épanouit dans le jeu de l'échange et du partage. Il est né pour fleurir au soleil de l'amour.

Mais sur quel rameau a-t-il donc éclos ? De quel arbre tire-t-il sa sève ? Où a-t-il puisé ses rêves de communion ? Quelle est cette nostalgie qui l'habite ?

Nous nommons *Dieu* Celui dont l'être humain tire le meilleur de lui-même. Nous savons bien, en effet, que nous n'avons pas notre source en nous-mêmes. Nous venons d'ailleurs. L'humanité a tenté bien des réponses à cette question de l'origine. La tradition biblique, résolument optimiste, professe qu'au jaillissement de nous-mêmes, il y a cet Etre dont nous sommes l'image et la ressemblance (Genèse 1, 27). Mais que pouvons-nous dire de ce Mystère à la racine de notre mystère ?

«Dieu, c'est tout le monde et personne !», me déclarait un jour une retraitante. Beaucoup aujourd'hui sont tentés par une espèce de panthéisme, vision d'un Dieu anonyme dont la consistance se dissout dans le multiple et l'éphémère. S'il en était ainsi, ce Dieu que nous voulons adorer ne serait pas une personne capable d'entrer en dialogue avec nous. Il serait un principe abstrait, une réalité diffuse et non personnalisée. Notre question «où l'homme a-t-il puisé ses rêves de communion ?» demeurerait sans réponse.

*

Toute l'évolution de l'univers tend à faire apparaître un être personnel, un «Je» capable de dire «Tu». Voilà la merveille : en l'homme, l'univers se personnalise et devient lieu de communion.

Le ciel avec ses milliards d'étoiles remplit nos yeux d'un spectacle grandiose. L'infiniment petit aux mille et une combinaisons ne cesse de laisser notre esprit interloqué. Mais que dire du prodige d'entre les prodiges : un petit amalgame de matière en arrive à dire «Je» et tisse avec d'autres «Je» un réseau complexe de relations, une toile aux couleurs de l'amour ?

L'étonnant spectacle que nous offre l'univers nous plonge dans l'admiration. Mais il n'est rien à côté du surgissement d'une personne. L'immensité silencieuse des espaces n'est rien à côté d'un petit être qui, à la face du cosmos, murmure, surpris lui-même, un «Je suis» qui défie l'incommensurable. Un être libre et conscient, capable d'aimer : voilà le joyau pour lequel l'univers se fait écrin.

Le fonds de l'Etre, l'Absolu en qui tout prend naissance, ne saurait être moins riche que l'œuvre sortie de ses mains. Il ne saurait être anonyme alors que la fine fleur de la création est personnalisée.

Mais ne sommes-nous pas ici en pleine fiction ? Quel indice avons-nous que Dieu soit un être personnel ?

Au cœur de notre humanité, un homme s'est présenté comme la révélation de Dieu, il s'est offert comme le visage de Celui qui est sans visage, la Parole de Celui qui habite l'aube éternelle. Son nom est Jésus de Nazareth.

Si Dieu n'était pas personnel, il n'aurait pu prendre chair et devenir homme. Et s'il n'était pas personnel, il n'aurait pu susciter d'autres personnes.

La foi chrétienne, cependant, ne s'arrête pas à cette affirmation. Comment, en effet, Dieu pourrait-il être personnel s'il était emmuré dans la solitude de son unicité ? On ne peut devenir personne qu'en entrant en dialogue avec un autre que soi. Une personne est un nœud de relations. Dieu, infiniment personnel, ne peut être qu'infiniment relationnel.

Le cœur de la personnalité de Jésus, c'est sa relation avec Celui qu'il nomme Père dès avant la création. Par lui parvient à nos oreilles le dialogue jamais inauguré, plus originaire que le temps, et dont nos mots d'amour sont un lointain écho en même temps qu'une promesse.

Grâce à Jésus, nous comprenons que Dieu est éminemment personnel parce que capable de créer des liens et d'entrer en relation. Tel est le Mystère de la *Trinité* : Dieu est relation d'amour, il est la perfection de la relation. Au commencement était le dialogue...

La source de toute vie est cette communion extraordinaire, ce foyer brûlant qu'avec nos pauvres mots nous appelons *Tri-Unité*, Trinité. Elle est ce pur jeu d'amour que rien ne peut justifier. Elle est cet espace de relations où, de toute éternité, une place nous est réservée.

La symphonie du singulier et du pluriel

On ne peut plus se contenter de dire que Dieu est *singulier*, car il ne serait pas personnel. Mais on ne peut dire non plus qu'il est *pluriel*, car il ne serait pas unique. Pour parler avec respect du Mystère de Dieu, il faut mettre la bride à nos mots qui toujours s'entrechoquent et se contredisent. Il faut faire de ces mots un concerto où la mélodie de chacun vient enrichir celle des autres. Ainsi, Dieu n'est ni singulier ni pluriel, mais *symphonie du singulier et du pluriel.*

Il ne faut pas chercher par-delà la Trinité un être que nous appellerions Dieu et qui aurait un beau jour commencé d'aimer. Dieu, au plus profond de lui-même, n'est dès l'origine *que décision libre d'amour*, don et accueil, partage. C'est une Bonne Nouvelle : il n'y a pas au-dessus de nos têtes un tyran qui dirige le monde pour en faire le lieu de son orgueil. Il y a au cœur de l'univers un «cœur battant» (comme disait Péguy), une relation d'amour, un être triplement sujet qui désire partager avec nous cette joie d'aimer.

En Dieu même, il y a ce dialogue où l'un fonde l'existence de l'autre et l'autre celle de l'un : le *Père* verse tout ce qu'il est dans la coupe du *Fils* qui, dans la gratitude, reporte tout vers celui dont il tire éternellement sa consistance. Dans ce mouvement de retour et de reconnaissance, il donne au Père d'être Père. En dehors de cet échange, ils ne sont rien. Rien ne préexiste à cette relation mais celle-ci est nouée depuis toute éternité.

Ce va-et-vient de tendresse déborde jusqu'à nous dans l'*Esprit-Saint*. Il est l'ouverture sur l'universel : il est répandu pour que tout homme puisse devenir fils du Père. La multitude des humains est conviée à devenir multitude de fils avec le Fils Unique et en Lui. Car Dieu n'a qu'un Fils à qui il donne tout ; c'est dans ce Fils que l'Esprit nous fait participer à l'unique filiation. Lorsque le souffle de Dieu nous est communiqué, nous sommes associés à cette communion trinitaire. Le Fils Unique devient alors Premier-Né d'une surabondance de frères au cœur même de la gratuité divine.

Lorsque le chrétien, avec saint Jean, proclame que Dieu est amour, il énonce une vérité bien plus profonde qu'il n'y paraît d'abord. Dieu est la perfection de l'amour et donc la perfection de la relation :

> En Dieu, quelque chose ressemble à notre «je t'aime».
>
> En Dieu, quelque chose ressemble au don de soi, à l'amour réalisé, à la rencontre effective, à la fécondité qui engendre, à l'éclatement de la vie amoureuse. Dieu est *amour donné*, d'une éternelle fécondité. Il est Père.
>
> En Dieu, quelque chose ressemble à l'accueil, à l'union réalisée, à l'éclatement des forces qui se rencontrent. Dieu est *amour reçu*, d'une éternelle fécondité. Il est Fils.
>
> En Dieu, quelque chose ressemble à la vie bouillonnante, au dynamisme jaillissant, à l'amour toujours renouvelé. Dieu est *amour répandu* d'une éternelle fécondité. Il est Esprit, souffle divin [10].

Cette plénitude de relation en Dieu faisait dire à saint Hilaire, évêque de Poitiers au IVème siècle, que «Dieu est bien Un, mais il n'est pas seul pour autant».

A l'intérieur de l'unité de Dieu est maintenue la différence. Il n'y a pas d'union véritable sans distance, car l'amour de l'autre deviendrait un redoublement de l'amour de soi. Au ciel, raconte une légende, les cuillers ont un manche tellement long qu'il est impossible de se nourrir. Il ne reste aux bienheureux qu'à nourrir leurs vis-à-vis. Le bonheur est à offrir et à recevoir. La distance de la différence permet cet aller et retour du don. C'est le franchissement perpétuel de la distance — et non son absence — qui engendrera l'unité.

---

10. Office de Catéchèse du Québec. *La force des rencontres ; homme et femme il les créa.* Fides, 1976, p 5.

L'Esprit est cet entre-deux du Père et du Fils, celui qui jaillit en pure générosité de leur don mutuel. Il est, disait le Père Varillon, la «Pauvreté de Dieu», car en lui le Père et le Fils se dépossèdent d'eux-mêmes et l'un de l'autre. Il maintient la distance en étant lieu de communion.

Dieu est relation nouée de toute éternité. Il porte en lui la plénitude de l'échange et de la communication. Voilà pourquoi, lorsqu'il crée l'être humain à son image et à sa ressemblance, «homme et femme il les crée». Il les fait capables de relation.

Désirés de toute éternité

Dieu qui n'est qu'excès d'amour a voulu de toute éternité nous tirer du néant pour nous adopter et nous faire participer à cette éternelle fête de la Trinité où sont échangés sans fin les mots de l'amour. Nous sommes des enfants désirés ! Notre naissance n'est pas un accident, fruit du hasard et de la nécessité.

A l'aube des temps, le dialogue trinitaire a formé le projet de partager sa joie et de loger d'autres êtres au cœur du cercle divin. Le Père voulait se donner lui-même à l'homme comme il se donne au Fils dans l'Esprit-Saint, «baiser mutuel du Père et du Fils». Il nous a nommés en son Fils bien-aimé.

Et l'homme est né, seule créature libre, voulue pour elle-même. Les autres créatures sur la face de la terre sont voulues pour l'homme qui est appelé à régner sur elles. Mais l'homme est créé pour lui-même comme partenaire de Dieu qui l'a rêvé pour l'*épouser*. «Comme un jeune homme épouse une jeune fille, celui qui t'a faite t'épousera», proclamait Isaïe (62, 5).

La liturgie de la création, telle qu'elle est décrite dans les premières pages de la Bible, est la célébration des *fiançailles*. L'homme est appelé à épouser Dieu en même temps qu'il est suscité dans sa liberté. Et Dieu déjà lui promet fidélité. Toute l'histoire de l'humanité est le long cheminement de notre liberté pour répondre à cette invitation.

En Jésus Christ déjà nous entrevoyons le terme : Dieu et l'homme ne font plus qu'un dans l'amour. Au bout de notre route de liberté, nous serons les hôtes de Dieu. Dans une éternité de joie, riches de ce que nous aurons fait de notre vie, «nous contemplerons Dieu, nous-mêmes, mais comme par les yeux du Christ» (Teilhard). Nous avons été créés pour être associés à celui qui, dès avant l'aube des temps, reçoit tout du Père dans l'Esprit. Depuis toujours, le Père voulait faire de son Fils le frère aîné d'une multitude.

*

Au commencement, l'homme a été créé à l'image et à la ressemblance de Dieu. Il est le «premier autoportrait de l'histoire du monde» (Michel Tournier). Après avoir créé sa propre effigie, Dieu exprime la volonté qu'elle soit multipliée à l'infini pour se répandre sur la terre entière. Mais le péché est venu casser cette *ressemblance*, ne laissant qu'une *image* difforme [11].

Balthazar, roi mécène d'Orient, raconte encore Michel Tournier, cherchait la réconciliation entre cette image et sa ressemblance. Il guettait les instants si rares et si précieux où la ressemblance porte et justifie l'image : ce sont les petits gestes d'amour tel celui de cette femme qui a partagé avec un vieillard l'eau qu'elle avait tiré à grand peine d'une fontaine parcimonieuse. Parfois le reflet, la grâce, l'éternité noyée dans la chair filtrent comme un rayon d'espérance.

Balthazar se mit alors en quête de ce jour où se fondraient dans la même image l'éphémère et bouleversante vérité humaine et la grandeur divine de l'éternité. Mais, pensait-il, a-t-on déjà rêvé mariage plus improbable ?

Lorsqu'il arrive à Bethléem, il trouve dans un petit enfant la réconciliation de l'image et de la ressemblance, la régénération de l'image grâce à la renaissance d'une ressemblance sous-jacente. Jusqu'alors, il était interdit de sculpter une représentation humaine de Dieu par peur de l'idolâtrie. Balthazar avait vu son musée d'art complètement

11. Voir Michel TOURNIER, *op. cit.*, p. 94-95 et 207-208 où il raconte l'histoire de Balthazar.

saccagé par les prêtres de son pays, gardiens sévères de la pure orthodoxie et d'une divinité farouchement transcendante. Mais voici qu'avec Jésus Christ, la ressemblance est restaurée et l'art retrouve sa dimension sacrée. Désormais, le visage humain est la plus belle fenêtre ouverte sur le Mystère de Dieu. L'art chrétien peut naître.

*

Le Mystère de Dieu et celui de l'homme sont inséparables depuis la Création : c'est le Mystère de l'Amour. Dieu en est la source et l'homme l'invité.

Aimer nous plonge *dès maintenant* dans ce Mystère abyssal. En tout partage, c'est Dieu qui est donné et reçu, c'est Lui qui est échangé. En tout amour, Dieu est présent et se donne à chacun l'un par l'autre. Nous ne vivons pas en dehors de Dieu, mais en son plein cœur, dans une communion qui est appelée à grandir dans la liberté, au rythme de l'amour, jusqu'au jour où Dieu sera tout en tous.

Voilà pourquoi aimer est véritablement divin.

Pour me parler de ton Visage

Savent-ils, mes amis,
combien leurs visages
me parlent du Tien
et combien leur tendresse
me murmure la Tienne ?

Imaginent-ils qu'ils sont pour moi
ta présence et ta sollicitude,
ta main tendue
et ton regard de feu ?

Soupçonnent-ils que sans eux
ma vie serait une eau morte
sans reflet de soleil
et mes jours cortège d'ennui
sans espoir d'éternité ?

Lorsque ce soir encore
leur amitié franchit mon seuil
pour me toucher d'affection,
vers Toi s'élance mon cœur
léger de reconnaissance
et joyeux de chants
comme l'hirondelle du printemps
et la mésange de l'aurore.

Mais voici la foule des anonymes,
visages sans clarté
et cœurs de brume,
voici la foule des mal-aimés
qui se presse en moi
et crie sa détresse.
Courses solitaires
et solitude sans couleurs,
journées de lassitude
et tristesse sans couchant...
Femmes abandonnées,
enfants délaissés,
amants trahis...
Leur douleur crie en moi
et gémit vers Toi.

O Seigneur,
que mes jours d'amertume
et de conversations muettes
soient communion
avec tous ceux qui n'ont pas croisé
d'autres visages
pour leur parler
du Tien.

DEUXIEME PARTIE

Au fil de la liberté...

«Je connais la différence entre le bien et le mal» rétorqua un 'primitif' qu'un ethnologue soupçonneux interrogeait. La capacité morale d'agir, le fait d'avoir un idéal et des normes, de pouvoir distinguer le bien du mal, sont autant de traits spécifiques de l'être humain.

Pour beaucoup, Dieu apparaît comme le garant de l'ordre moral : il édicte des lois et veille à leur application. Au bout de l'épreuve, il décerne les prix et pénalise ceux qui ont mal agi. Telle est l'image caricaturale que l'on s'en fait souvent.

On sait comment Jean-Paul Sartre, lorsqu'il était enfant, raya Dieu de sa vie. Il avait joué avec des allumettes et brûlé un petit tapis : «J'étais en train de maquiller mon forfait quand soudain Dieu me vit, je sentis son regard à l'intérieur de ma tête et sur mes mains; je tournoyai dans la salle de bains, horriblement visible, cible vivante [1].» Il se mit en fureur contre cette indiscrétion grossière et blasphéma. Dieu ne le regarda jamais plus, dit-il. Non, Dieu ne pouvait être ce voyeur qui viole l'intimité de l'homme. Il ne pouvait être ce juge qui partout nous poursuit, surveille chacun de nos actes et découvre toujours ce qu'on veut cacher. Ce Dieu-là, ni Sartre ni le chrétien ne peuvent l'accepter.

---

1. Jean-Paul SARTRE, *Les mots*, Paris, Gallimard, 1964, Folio n° 607, p. 88.

L'Evangile nous révèle un tout autre visage de Dieu, plus *gratuit*. Le Père des cieux est celui qui aime et respecte l'homme au point de lui donner jusqu'au bout une incompréhensible *liberté* et de lui offrir un *pardon* inattendu quand survient l'échec et la faute.

Reconsidérons la *morale* et le *péché* à la lumière de la gratuité divine et de la liberté humaine. Nous parviendrons à une conception de la foi chrétienne bien différente. Elle apparaîtra comme la religion de la grandeur de l'homme qui est la gloire de Dieu.

L'*Eglise*, au cœur de ce monde, est témoin et prophète de la dignité de l'homme restaurée par le pardon. Signe avant-coureur du rivage divin, elle accueille, comme un vase qui déborde, toute la gratuité de l'amour de Dieu qui est promesse d'avenir.

CHAPITRE 3

SI LE GRAIN NE TOMBE EN TERRE...

Fondements de la morale chrétienne

La morale est en évolution constante. Elle a beaucoup changé au cours des siècles. Oserait-on encore aujourd'hui, comme jadis St Paul, conseiler aux esclaves d'être soumis à leurs maîtres (Eph 6, 5) ? Interdit-on encore de pratiquer l'usure comme c'était le cas au Moyen Age ? Actuellement, on voit des banques officiellement chrétiennes. Il a fallu plusieurs siècles pour que le métier des armes soit toléré. Un soldat était excommunié d'office jusqu'au début du quatrième siècle. Plus tard, on condamnera les déserteurs. Dans le domaine de la morale sexuelle, il y a eu aussi des changements d'accents. Si, au début, l'étreinte amoureuse était presque considérée comme un mal nécessaire, aujourd'hui, elle est nettement revalorisée et parfois survalorisée.

On pourrait multiplier les exemples. Je n'ai pas l'intention de porter un jugement sur chacun d'eux. On peut estimer à bon droit que sur certains points, les changements ont été des progrès et que, sur d'autres, ce furent des pas en arrière. A travers ces cas concrets, on découvre que l'Eglise est constamment en recherche de sa propre morale et que l'Evangile ne contient pas un code précis de lois et de règles. il est un souffle inspirateur pour l'homme en quête de son humanité.

Nombreux sont ceux qui, aujourd'hui, soupçonnent la morale de l'Eglise d'être simplement la caution d'un ordre établi ou encore le renforcement des inégalités et des injustices. D'autres y voient le reflet d'un style de vie 'petit-bourgeois'. Peut-on *toujours* leur donner tort ? Pourtant, ils n'atteignent pas ainsi le cœur de la morale évangélique.

L'Evangile apporte une impulsion vers un monde plus humain, mais c'est *petit à petit*, parfois par essais et erreurs, que nous parvenons à le faire passer dans notre action et à le traduire dans notre morale. Nous ne trouverons donc pas dans l'Evangile un code moral préétabli et fixé une fois pour toutes, mais un souffle de liberté, une invitation adressée à l'homme pour qu'il invente lui-même les conditions de sa propre humanisation.

«Voulez-vous que nous fassions exister l'homme ?»

Le chemin parcouru est énorme depuis qu'un animal a franchi le pas de la réflexion. Jusqu'alors, l'évolution avançait comme à l'aveuglette, sans conscience d'elle-même.

Petit à petit, la première cellule était devenue amibe ou protozoaire, et puis poisson. La vie avait ensuite risqué un saut hors de l'océan, à plat ventre : ce sont les reptiles qui, un jour, donneraient naissance aux oiseaux et aux mammifères.

Mais voici un être qui prend conscience de ce qu'il est et de ce qu'il peut devenir. Ce n'est plus le destin qui avance pour lui. C'est lui qui fait le destin. L'*homme* est ce petit être extraordinaire entre les mains duquel est remise toute l'évolution.

Il n'a pas reçu un manuel d'instructions. Il lui faut lui-même trouver les règles du jeu. Il lui faut inventer l'avenir et forger ses lendemains.

Pour bien des incroyants, telle est la seule certitude : *l'homme est une tâche à accomplir.* Il n'existe pas un ciel où soit inscrit notre sort. Il n'y a pas une providence qui nous délivre un code moral tout fait.

Les chrétiens partagent la même conviction : *Dieu a donné à l'homme de se faire.* En créant l'homme, Dieu ne le fabrique pas comme on assemble une voiture dans une chaîne de montage. Dieu est *créateur de liberté.* Il nous veut libres de nous construire *nous-mêmes.* «Il nous remet, comme dit la Bible, entre les mains de notre propre conseil» (Siracide 15, 14).

Nous sommes tous, croyants et incroyants, embarqués dans la même aventure. Nous avons une tâche commune : inventer l'homme, le dessiner toujours plus beau.

L'animal, pour survivre, a son instinct. Lorsqu'il naît, toutes les lois de son comportement sont inscrites en lui. Regardez l'oiseau construire son nid comme s'il avait un diplôme d'ingénieur. Ou l'abeille qui danse pour indiquer à ses consœurs la direction des champs de fleurs. Nul apprentissage. Nulle possibilité de varier l'architecture du nid ou les figures de la danse. Si les conditions viennent à changer, les chances d'adaptation sont faibles et le processus très lent.

Chez l'homme, la part d'instinct est réduite. L'humanité naissante ressemble à un petit bébé. Tout est à apprendre et à inventer. Il n'existe pas ou peu de règles ou de lois morales qui entraînent automatiquement l'adhésion. Chacune peut être refusée ou corrigée. Tout acte humain est le fruit d'une *décision* et non d'un mécanisme aveugle. C'est seulement à cette condition qu'il peut être qualifié d'humain.

L'homme est un être moral, un être libre. Il est responsable de son comportement et doit lui-même en trouver les règles. Personne ne prendra pour lui cette responsabilité.

Les savants nomment *hominisation* le seuil franchi par l'animal pour devenir homme. Mais rien n'est encore fait. L'aventure de l'*humanisation* n'est qu'à son commencement. Cet animal capable maintenant de réfléchir réussira-t-il à *vivre humainement* ? «L'homme n'existe pas encore, écrit Roger Garaudy, voulez-vous que nous essayions de le faire exister ?»

L'histoire nous fait découvrir le chemin parcouru pour parvenir à toujours plus d'humanité. Même si notre civilisation d'aujourd'hui, par bien des aspects, est encore peu humaine, on ne peut oublier tous les progrès qui ont été réalisés. Au fil des siècles, la personne a conquis sa dignité.

L'esclavage a été condamné. La femme est de plus en plus considérée comme égale à l'homme, bien que différente. La justice sociale nous préoccupe plus qu'auparavant.

L'histoire de la morale est celle de l'humanité qui tente de se donner des règles et des lois qui garantiront davantage son plein épanouissement. L'histoire de l'homme est celle de la conquête de sa propre humanisation. La morale n'existe pas en dehors de l'homme. Elle est son œuvre, car l'homme, comme le disait St Thomas d'Aquin, est *providence* pour lui-même.

L'homme jusqu'au bout

«Etre chrétien, cela signifie être un homme, écrit le célèbre théologien allemand Bonhoeffer. Le Christ crée en nous non un type d'homme, mais *l'homme* tout court.»

Il n'existe pas de morale chrétienne différente des autres morales. Jésus n'est pas venu apporter un code nouveau. Sa bonne nouvelle n'est pas une série de lois supplémentaires.

Il est venu révéler à l'homme sa vocation profonde : être fils de Dieu. «Vous donc, vous serez parfaits comme votre Père céleste est parfait» (Mt 5, 48). Il a invité la morale à se dépasser dans la direction d'une perfection plus grande, celle de l'amour vécu dans le *don* de soi. Tous les codes et toutes les lois nous y acheminent.

Il n'y a pas de recette. Vivre le commandement de l'amour est laissé à notre inventivité. «La Parole de Dieu ne sert à rien qu'à te rendre à toi-même pour que tu puisses trouver ta propre morale et ta propre politique, sous ta responsabilité, sans en coiffer Dieu [2].»

C'est par tâtonnements que les chrétiens ont progressé au cœur de l'humanité. Car Jésus n'a pas donné de solutions toutes faites. Il a posé des questions : «Comment feras-tu pour vivre réellement en enfant de Dieu ? Quel sera ton combat pour que l'homme naisse à lui-même ?»

---

2. Pierre GANNE, *Qui dites-vous que je suis ?* Paris, Centurion, 1982, p. 52.

Il n'en est pas resté là. Il a vécu. Il a répondu aux questions *de son temps*. Lorsqu'on l'interrogeait sur le divorce ou sur l'impôt, il ne se dérobait pas. Il s'est inséré dans les événements, homme parmi les hommes. Il n'a pas parlé du haut de son éternité, mais dans une situation concrète : la Palestine d'il y a deux mille ans. Merveille de l'incarnation ! Dieu ne nous tient pas des discrours intemporels, mais il vit l'homme dans sa précarité. Il accepte les limites d'une insertion précise.

«C'est l'humanité même de Jésus, sa manière d'être homme, qui révèle sa divinité. Plus on scrute l'homme en Jésus, plus son mystère transparaît : être homme à ce point de perfection fait entrevoir autre chose qu'un homme mais dans et par cette humanité même. Une telle splendeur d'humanité, c'est Dieu dans toute notre condition d'homme. Scruter cela m'a révélé ce que vaut une vie d'homme puisqu'elle peut être transfigurée aussi inimaginablement [3].» C'est le Père Guillet qui partage cette découverte. Il est exégète; il a passé sa vie à lire et à relire l'Evangile.

Jésus fait partie de ces grands personnages de l'histoire qui ont donné une impulsion nouvelle à l'humanité. Avec Socrate, Mahomet, Gandhi et tant d'autres, il a apporté sa pierre et a donné envie d'aller plus loin.

Mais, pour le chrétien, Jésus est le *seul* à avoir vécu l'homme à ce degré de *perfection* dont nul autre que Dieu n'est capable. En lui, tout est de Dieu et tout est de l'homme, dans une mystérieuse complicité.

Vivre l'homme est l'âme du christianisme. Jésus en révèle le sens ultime : la personne se réalise dans le don de soi aux autres. Seul importe le don. L'amour vaut plus que la vie retenue.

Voilà l'horizon de notre chemin. Mais cet horizon n'est plus illusion : Jésus de Nazareth a réalisé devant nos yeux l'homme que nous voudrions être et, par la Résurrection, nous savons désormais que ce projet est viable.

---

3. Dans le journal *La Croix* du 30 août 1982.

«Le sabbat est fait pour l'homme...»

«Le sabbat est fait pour l'homme et non l'homme pour le sabbat.»

Le seul absolu qui soit est l'Homme parce que Dieu l'a créé à son image. Aucune norme n'est donc absolue et toutes n'ont qu'un étalon : l'amour, car lui nous humanisera.

L'Evangile vient faire sauter la rigidité des lois pour nous renvoyer à notre tâche d'inventer l'homme. Plus de possibilité de nous cacher derrière des attitudes toutes faites qui nous dispenseraient de ce devoir. Les règles sont toujours à dépasser, car toujours minimalistes. L'homme est né pour aller sans cesse plus loin. La morale doit lui servir de tremplin et non d'obstacle.

Les codes de comportement sont la trace laissée par nos devanciers. Ils ont tenté d'humaniser l'existence. Ils y ont réussi, mais en partie seulement. Leur entreprise a été aussi marquée par la médiocrité et le mal. Il nous faut donc corriger le chemin et le continuer.

Faisons confiance à ceux qui nous ont précédés et prenons en considération les règles qu'ils ont forgées, mais sans pour autant nous laisser aveugler par elles. Elles sont l'expression d'un consensus pour humaniser la société. Il serait naïf de vouloir à chaque instant recommencer à zéro. Nous pouvons bâtir sur ces fondations.

C'est cependant notre conscience qui en dernier ressort est juge. Jésus a vécu dans la fidélité à sa conscience éclairée par le Père. Il a ainsi fait preuve d'une liberté scandaleuse vis-à-vis des évidences de son temps. Cela lui a permis d'aller plus loin et d'aimer les siens jusqu'à l'extrême. Par sa Résurrection, il nous partage l'Esprit qui l'animait, un Esprit non pas d'esclavage, mais de liberté (cfr Romains 8, 15).

Les Grecs avaient déjà perçu cet absolu de la conscience : Antigone a su ce qu'il en coûte d'enfreindre les lois de la Cité. Elle a été condamnée à mort par son oncle Créon pour avoir enterré son frère Polynice — geste religieux très important. Or celui-ci avait été interdit de sépulture. Mais elle se réclame d'une loi supérieure à celle des hommes et y obéit.

Jésus aussi sera mis à mort à cause de ses infractions répétées aux coutumes et aux lois. Il préférait obéir à son Père qui travaille même le jour du sabbat.

Il faut être prêt à porter la responsabilité de ses actes. Dès lors, il est parfois bien plus facile de se contenter d'une morale conformiste et de l'application mécanique d'un code élaboré en dehors de nous. La tradition chrétienne a cependant toujours enseigné la supériorité de la conscience sur toutes les lois. L'homme *doit* vivre selon sa conscience. Personne ne peut recevoir une règle sans s'interroger à son propos : s'applique-t-elle à la situation ? Humanise-t-elle celui que je rencontre ? Me rend-elle davantage libre ? Est-elle conforme à ce que nous savons de Dieu et de sa volonté ? En morale, il n'y a pas d'automatismes.

L'*Eglise*, pour les chrétiens, est le lieu privilégié où discerner *ensemble* comment répondre aux exigences de notre humanisation et aux questions de notre temps. La conscience a besoin d'être formée et éclairée. La communauté de foi est le carrefour où nous pouvons partager notre recherche et échanger les appels que nous percevons.

Au nom de l'Evangile, les chrétiens tentent de «tirer l'humain toujours plus en avant» et d'éclairer le chemin à la lumière de l'espérance. Chacun se fait un devoir de confronter sa conscience avec celle de ses frères. Il accepte de se laisser remettre en questions par l'enseignement de ceux qui ont la responsabilité de rassembler les croyants et de veiller à ce que jamais le sel ne s'affadisse. C'est au Corps tout entier qu'est donné l'Esprit.

Les Dix Commandements

Qui, lorsqu'il était petit, n'a pas appris par cœur les Dix Commandements ? Aujourd'hui, on n'en parle plus guère. Et pourtant, ils sont d'une richesse incomparable[4]. Jésus lui-

---

4. Voir Jan Milich LOCHMAN, *Faut-il encore parler des Commandements ?* (Cerf, 1981). Notons un regain d'intérêt pour les Dix Commandements. Ils constituent l'essentiel de la troisième partie du *Livre*

même les a repris à son compte, en les poussant plus loin il est vrai (cfr Mt 5, 17-48).

On a abandonné les Dix Commandements parce qu'on n'aimait pas le visage de Dieu qui, croyait-on, s'y dessine, visage autoritaire et légiférant. Mais il y a méprise. Quand on faisait étudier ces dix préceptes, on omettait d'y inclure la phrase d'introduction. Elle est pourtant comme le signe algébrique qui, devant une parenthèse, peut en changer le sens. «*Je suis le Seigneur ton Dieu qui t'ai fait sortir du Pays d'Egypte, de la maison de servitude*» (Exode 20, 2 ; Deutéronome 5, 6).

Ce préambule transfigure tout. Il fait des Dix Commandements une *charte de la liberté*. Dieu ne dit pas d'abord «tu dois», mais «je t'ai libéré». L'indicatif précède l'impératif. C'est dans le *même mouvement* que Dieu libère son peuple et qu'il lui donne les Commandements. Ceux-ci ont pour but de sauvegarder la liberté fraîchement acquise.

Ce peuple qui n'était qu'un ramassis d'esclaves devient, grâce à l'Alliance avec Yahvé, une nation libre sur une terre où coulent le lait et le miel. Mais la liberté n'est jamais acquise une fois pour toutes. On retombe vite dans la servitude. Pour barrer le chemin de retour vers l'esclavage, Dieu donne une charte. S'ils la gardent, ils goûteront une liberté sans faille.

Il n'y a de liberté possible que dans le respect de celle des autres. Les commandements seront donc comme une «*déclaration des droits de l'homme*» avant la lettre. Chaque être a droit à ce que soient respectés sa vie (cinquième commandement), son foyer (sixième), sa liberté (septième)[5], sa réputation (huitième) et ses biens (neuvième et dixième).

---

de la Foi des Evêques de Belgique (Desclée, 1987). Les Editions du Cerf viennent de publier *Les 10 Commandements par 10 Cardinaux* (Coll. Epiphanie, 1987) et Th. REY-MERMET fait des Dix Commandements le cœur de son ouvrage *Croire 4, pour une redécouverte de la morale* (Droguet-Ardant, 1985).

5. Primitivement, le septième commandement visait le rapt des personnes. C'est par un glissement d'interprétation qu'il en est venu à concerner le vol des biens dont s'occupe le dixième commandement - ainsi que le neuvième puisque la femme était considérée comme propriété du mari !

Le respect des autres commence évidemment par celui des parents (quatrième).

Cette déclaration nous livre la condition *sine qua non* pour habiter la Terre Promise et assurer la cohésion du peuple. Une nation qui ne reconnaîtrait pas ces droits élémentaires serait une nation déchirée.

Les commandements scellent donc autant une alliance entre frères qu'une alliance avec Dieu. Cependant, il s'agit bien d'une Alliance avec Dieu. Voilà le sens des trois premiers commandements ainsi que l'originalité d'Israël.

Les historiens ont en effet remarqué que les sept commandements de la «deuxième table» n'avaient rien de très original. On les retrouve dans les autres codes du Moyen-Orient. Dieu ne pose jamais des exigences qui soient étrangères à notre condition humaine. Moïse a condensé la sagesse de son temps dans ces dix préceptes. Mais — et c'est là que réside la particularité — il les a mis en relation avec un *Dieu libérateur* et a fait de la fidélié à ce Dieu la garantie de la liberté.

«*Je suis le Seigneur ton Dieu qui t'ai fait sortir du pays d'Egypte.*» Pour Moïse, la morale est un chant d'action de grâces pour la liberté reçue. Le «*Tu n'auras pas d'autres dieux que moi*» met en garde Israël contre la tentation des idoles qui seraient autant d'asservissements nouveaux.

Jésus reprendra les Dix Commandements qui demeurent la base de toute vie chrétienne. Il les propose au riche qui vient l'interroger sur les dispositions nécessaires pour avoir la vie éternelle (Mc 10, 17-31). Mais il pousse l'exigence plus loin : ceux qui le veulent, il les invite *à sa suite* pour être parfaits. Le chemin sur lequel il les mène passe par le Golgotha où la mort est une porte ouverte sur la Résurrection. La loi gravée sur les tables de pierre prend maintenant un visage humain, celui de Jésus Christ qui nous a libérés pour que nous soyons libres (Galates 5, 1).

«*J'aime la mort du même amour que la vie*»

Au cœur de l'agir chrétien, il y a l'acceptation d'une *mort*. Le Christ n'a pas apporté un code nouveau, mais il a montré par toute sa vie que l'amour — qui résume la Loi et les Prophètes — peut nous conduire jusqu'à la mort. Et davantage encore : la mort est à inscrire au cœur même de chaque instant.

La mort est une réalité douloureuse et négative : elle est la fin de la vie et, aux yeux de certains, un point de non-retour. Mais elle a une autre face. Elle n'est pas seulement clôture, mais aussi porte, lieu de passage et de *transformation*. Pour le chrétien, elle est le chemin obligé pour trouver la vraie vie où il se sait convié : celle du Royaume.

La vie et la mort ont partie liée. Cela fait dire à Roger Garaudy : «J'aime la mort du même amour que la vie... Parce qu'elles ne font qu'un... La mort seule rend possible que je fasse des choix témoignant que je juge tel projet supérieur à ma vie. Si je ne devais jamais mourir, il n'y aurait rien que je puisse préférer à ma vie individuelle. Il y a un don suprême que je ne pourrais pas faire : celui de ma vie[6].»

Si la mort n'existait pas, il n'y aurait pas d'amour possible puisque aimer, c'est préférer l'autre à ma propre vie. Vivre et mourir se conjuguent ensemble, car il n'y a pas de plus grand amour que de donner sa vie pour ceux qu'on aime (Jn 15, 13)[7].

C'est le test du véritable amour : « Suis-je prêt à mourir pour toi ?» Question qui donne le frisson ! Nous comprenons alors que nous n'en sommes qu'aux premiers balbutiements et que l'autre se confond encore trop avec mon plaisir : « Quand je te dis que je t'aime, je dois t'avouer qu'il y en a un autre que je préfère : c'est moi...»

Qu'il faille *mourir à soi-même* et s'oublier pour aimer, tel est bien le cœur de la morale chrétienne. «Si le grain de blé ne tombe en terre et ne meurt, il reste seul. S'il meurt, il porte beaucoup de fruits. Celui qui aime sa vie la perd ; celui qui s'en détache la garde pour la vie éternelle» (Jn 12, 24-25).

---

6. Roger GARAUDY, *Parole d'homme*, Paris, Laffont, 1975, p. 47.

7. Voir *Au jardin de Dieu*, p. 110-116. J'y ai esquissé le lien entre l'amour, la mort et l'Eucharistie.

Mourir... S'oublier... Mais ne doit-on pas aussi, et même *d'abord* penser à soi, s'accepter, s'aimer, être bien dans sa peau ? A vouloir trop s'ignorer, ne tombe-t-on pas dans le masochisme et le suicide ?

Pareille interrogation cache, je pense, une peur de se donner et donc de risquer. Elle révèle un manque de confiance dans les possibilités qu'a l'aimé de faire mon bonheur. Se donner, ce sera toujours se *perdre*... mais non pas en pure perte : se donner, c'est se trouver ; mourir, c'est renaître. Lorsque le grain de blé pourrit en terre, il se retrouve dans l'épi. Quelle métamorphose, mais au prix de quel sacrifice !

Pourquoi, dès lors, chercher une priorité entre l'amour de soi et l'amour de l'autre ? Peut-on séparer ce qui ne fait qu'un ? L'homme ne se construit que dans l'amour. Il n'y a pas le temps du «pour moi» d'abord, et celui du «pour toi» ensuite.

Et si survient l'échec ? Il ne pourra être dépassé que par un *surcroît d'amour* et non par un repli sur soi. Tel est le pari que nous faisons sur le sens de la vie.

Ce mystère de l'amour est celui même de Dieu. En lui, tout est don au cœur de la Trinité. Tout est abandon de soi. Le Père s'abandonne dans le Fils qui se livre totalement au Père dans la joie de l'Esprit. Dans cet amour total, nul suicide, mais éternel engendrement. Et lorsque Jésus meurt sur la croix, manifestant la folie de l'amour divin, il révèle que la «mort» est inscrite au cœur de l'Absolu : Dieu est toujours prêt à se livrer perdant aux mains des hommes. Sur la croix pourtant, la divinité ne s'évanouit pas : la Résurrection est le signe de la fécondité de tout amour au cœur même de la mort.

Dieu est semblable à ce buisson ardent que Moïse aperçut tandis qu'il gardait le troupeau de son beau-père Jéthro (Exode 3). Le bois que l'on jette dans l'âtre perd toute sa substance à réchauffer les habitants de la maison. Lorsqu'il a donné toutes ses flammes, il ne reste plus que cendre. Mais le buisson de Moïse brûlait sans se consummer, tel Dieu qui se livre tout entier et s'abandonne sans cesser d'être lui-même. Au contraire, dans cette livraison de soi tient toute son identité.

Si la fleur ne fane...

L'expérience la plus évidente semble contredire toutes nos affirmations. Celui qui a offert sa vie dans un amour sans limite est bel et bien recensé parmi les défunts qu'on ne reverra plus. Suffit-il de penser, comme le fait Garaudy, que l'histoire continue après lui et que la vie de l'homme trouve son sens dans la cohorte humaine qui poursuit son chemin, enrichie par ce sacrifice ? Suffit-il de se comparer, comme le fait un autre écrivain, à une feuille qui tombe de l'arbre pour faire du terreau ?

Si la personne est un absolu, rose unique parmi les roses, comme nous l'a montré l'expérience de l'amitié, on ne peut se contenter de la dissolution de toute individualité dans l'océan humain. Et si je puis l'admettre pour moi, je ne le puis pour celui que j'aime. Je ne puis tolérer qu'il rentre dans l'incognito de la cité des morts. Le Royaume de Dieu n'est pas une société anonyme !

Lors des funérailles, l'art du prédicateur consiste à rappeler tous les aspects positifs de la vie du défunt. Chacun sait qu'il y a eu des erreurs et des fautes, mais face au décès on redécouvre ce que cette vie a d'unique et d'irremplaçable. Tout se passe comme si, par la mort, le passé devenait éternellement présent et que l'homme acquérait sa consistance définitive aux yeux de Dieu et aux nôtres. Celui qui nous quitte sera pour toujours ce qu'il a été de bon et même davantage, par la surabondance du pardon divin. L'amour qu'il a vécu sort purifié de ce passage et lui confère son véritable nom.

*

Le *célibat des religieux* vient contester le discours que la mort voudrait nous tenir. Celle-ci se présente comme la fin de tout et le retour de toute personnalité à l'indifférenciation. L'homme tente alors de la conjurer et de gagner l'immortalité par ses œuvres, sa renommée ou sa descendance. Les enfants lui sont comme un gage de survie parce que, étant sa chair et son sang, ils le perpétuent.

Les religieux, en faisant «vœu de chasteté», proclament que l'être humain ne tient pas sa valeur avant tout des enfants qu'il engendre ni de la trace qu'il laisse dans l'histoire par ses œuvres ou sa postérité. Chaque individu vaut par lui-même et la gloire immortelle lui vient de ce que Dieu l'accueille dans son éternité pour le faire exister à jamais devant sa face. C'est la conviction pleine d'espérance de celui qui renonce à voir derrière lui des héritiers pour prolonger ses jours.

Ce geste prophétique rappelle également aux parents qu'on ne met pas des enfants au monde uniquement pour soi, mais pour en faire des fils de Dieu, c'est-à-dire des êtres à part entière qui portent leur secret et ne sont pas propriété de ceux qui les engendrent.

★

La mort est une véritable naissance. Mais une naissance en Dieu. Tel est le sens ultime de notre destinée : nous sommes conviés à éclore au Jardin de Dieu. Notre grandeur vient de notre vocation. L'homme est cet animal appelé à devenir Dieu, disaient les premiers chrétiens. Mais nul ne devient ce qu'est Dieu au terme d'un plan incliné. Une transformation radicale est nécessaire tout comme pour la fleur qui devient fruit.

Si la fleur qui se dore au soleil de mai se contentait d'étaler aux yeux de tous la beauté de ses pétales rose tendre, jamais elle ne deviendrait fruit. Il faut qu'elle accepte de se laisser brûler par le soleil et déshabiller par le vent. Il faut qu'elle perde son charme de petite fleur printannière et qu'elle renonce à son bonheur éphémère. A cette condition seulement, elle pourra devenir fruit mûri au soleil d'été et enrichir la récolte d'automne.

La transformation de l'homme aux dimensions de Dieu est plus radicale encore et l'on comprend que la mort soit douloureuse. Mais elle est douleur d'enfantement. Nous n'avons pas idée de ce qui nous attend. L'enfant dans le ventre de sa mère n'imagine pas non plus le paysage qu'il va découvrir. Il lui faudra passer par le déchirement de la naissance. Pourvu qu'il accepte ce dépaysement qui lui donnera de goûter à des joies bien plus grandes.

Dieu veut nous engendrer à sa vie divine. Si nous sommes nés sans qu'on nous demande notre avis, il n'en sera pas de même pour notre naissance éternelle. Dieu n'est qu'amour : il se présente à notre *liberté*. Consentir à la mort au cœur de chaque instant et au terme de notre vie, c'est accepter cette offre qu'il nous fait de lui-même et qui nous transforme jusqu'au plus intime de nos fibres.

La mort n'est pas un tribut à payer à un dieu capricieux qui nous proposerait une épreuve pour accéder à ses délices. Dieu n'est qu'Amour. Seul l'amour nous permettra donc de vivre en Lui. Il appartient à l'essence de l'amour d'être renoncement à soi-même et préférence de l'autre. Pour être «divinisé», il suffit d'aimer, mais d'un véritable amour comme celui du «bois pour le feu quand il prend» (Claudel).

L'ultime liturgie

Tant que nous progressons vers des sommets toujours plus hauts d'humanité, tant que nous allons de succès en succès et que nous sentons la vie avancer et se développer, aussi longtemps que notre fougue vitale est conquérante, il nous est aisé de pressentir la main de Dieu qui nous conduit.

Mais la vie n'est pas seulement activité. Elle est aussi *passivité* et la passivité suprême, c'est la mort où, «comme dans un océan, viennent confluer nos brusques et graduels amoindrissements. La mort est le résumé et la consommation de toutes nos diminutions [8].»

Pour le croyant, cette suprême passivité peut devenir «l'ultime liturgie, le dernier assentiment à Dieu, le oui suprême» (André Manaranche). Elle peut devenir le lieu où se fait de plus en plus clair le chant de la source qui murmure en moi : «Viens vers le Père.» Elle peut être le lieu de l'activité suprême, lorsque l'homme s'y offre à Dieu.

Tête d'Or, ce personnage de Claudel, a exploré le monde avec le feu et l'épée pour voir s'il contenait quelque chose qui le satisfasse. Il n'a rien trouvé. Au sommet de la gloire,

---

8. Pierre TEILHARD de CHARDIN, *Le Milieu divin*, op. cit., p. 73.

lors d'un affrontement qui met son armée en déroute, il est mortellement blessé. Après avoir conquis tant de royaumes, il meurt misérablement. Tandis que le soleil couchant envahit la scène d'une immense rougeur, il prononce ses derniers mots :

> O Soleil, toi mon
> Seul amour ! ô gouffre et feu ! ô abîme ! ô sang, sang !
> O Père,
> Viens, ô sourire, étends-toi sur moi !
> Je meurs. Qui racontera
> Que, mourant, les bras écartés, j'ai tenu le soleil sur ma poitrine comme une roue ? [9]

L'immensité de son désir avait enfin trouvé son objet. L'être humain, après avoir poursuivi son achèvement durant toute sa vie, se retrouve les mains vides au seuil de la mort. Il peut alors recevoir Celui que ni le ciel ni la terre ne peuvent contenir. A son couchant, après un long voyage, il accoste au pays du soleil levant.

Dieu a fait de cette dernière défaite de l'homme le lieu de la victoire. Il a retourné le dard de la mort contre elle-même. Au lieu d'être ce qui nous sépare définitivement de Dieu, la mort est, grâce à la Croix et à la Résurrection du Christ, le point de rencontre, le lieu de rendez-vous où Dieu «afin de pénétrer définitivement en nous, vient nous creuser, nous évider, se faire une place. Il lui faut, pour nous assimiler en lui nous remanier, nous refondre, briser les molécules de notre être. La mort est chargée de pratiquer jusqu'au fond de nous-mêmes l'ouverture désirée [10] .»

Il n'y a rien d'étonnant à cela pour celui qui a compris que l'amour était *abandon* à l'autre, *réceptivité, accueil* autant que don. Dans la mort viennent se conjuguer la grandeur de l'Amour divin qui épouse la fragilité humaine et la générosité de l'homme qui s'offre à son Dieu. En elle, la créature

---

9. Paul CLAUDEL, *Tête d'Or*, 2e version, 1901, La Pléiade, p. 295-296.

10. P. TEILHARD de CHARDIN, *Le Milieu divin*, op. cit., p. 83.

accueille son Créateur et le Tout-Amour reçoit son bien-aimé. L'homme s'y décentre pour se jeter dans le brasier de la Trinité où il acquerra son vrai visage pour l'éternité. La foi chrétienne jette sur l'ombre de la mort une singulière clarté...

Cette foi ne nous empêchera certes pas de redouter la mort et de la ressentir comme une blessure cruelle. Mais elle donne un supplément de sens à ce qui humainement n'en a pas ou peu et, paradoxalement, elle nous aide à vivre chaque instant de notre vie en l'orientant vers le Mystère ineffable de Celui qui nous attend.

Quelle paix étonnante se lit parfois sur le visage de certains vieillards habités par la foi ! Ils guettent Celui qui doit venir. «Il faut qu'il grandisse et que je diminue» (Jn 3, 30), pensent-ils sans doute dans le secret de leur prière. Leurs forces ne leur permettent plus d'être productifs ni même parfois de rendre service. Mais ils sont parmi nous comme des yeux fixés sur l'autre rivage.

«Je suis l'Alpha et l'Oméga»

> Le présent seul existe, étant la superficie de l'éternité permanente.
>
> Paul CLAUDEL

Petit à petit, le temps fait son œuvre, comme la vague qui vient, revient et finit par avoir raison du château de sable que les enfants avaient construit parmi les cris de joie. La mort n'est pas seulement le point de mire lointain de notre existence. Elle en est encore la compagne. Mourir est l'âme du *temps.*

Temps éclaté... temps qui coule... temps qui disperse...

Le temps, c'est un peu nous-mêmes. Nous avons un certain nombre d'années à vivre et puis ce sera fini. Nous sommes un certain nombre de saisons. Nous sommes du temps. Qu'en faisons-nous ?

Nos instants sont écartelés entre le passé et l'avenir. Notre temps est vase de parfum tombé à terre et brisé : le vase est en morceaux et le précieux liquide évaporé. Ainsi notre présent lorsqu'il nous échappe.

Le présent est cassé par le remords. Hier n'a pas été comme je le souhaitais. Et je rumine, je me ronge, je rabâche : «Si j'avais fait ceci, si j'avais fait cela...» Toute la sève du présent s'écoule insensiblement vers un passé vainement regretté.

Le présent est cassé par les rêves : demain sera comme je le rêve... Et je m'évade, voguant d'illusion en illusion : «Je ferai ceci, je ferai cela...» Toute la force du présent se perd irrémédiablement en un futur imaginé, qui n'est que rêverie.

Passé et avenir nous empêchent de vivre notre vie et d'être heureux *au présent.*

Ainsi chaque instant, écartelé entre le passé et le futur, s'en va pour toujours. Il disparaît dans la hotte du temps. Et notre vie ne va qu'à se perdre...

Y a-t-il, au cœur de ces minutes qui fuient, une solution d'éternité ? La fleur qui naît ne peut-elle que se faner ou vient-elle garnir un éternel bouquet ?

«Je suis Celui qui *est*, qui *était* et qui *vient* !
Je suis l'Alpha et l'Oméga !» (Apoc. 1, 8)[11]

Voici que vient Celui qui a vaincu la force corrosive du temps. Voici que vient Celui qui habite l'éternité de l'instant. Il récapitule toute l'histoire dans le cœur de Dieu. En lui aucun remords ni regret du passé. Aucune rêverie ni fuite dans le futur. Mais l'épaisseur de l'éternel présent. Jésus habite le temps de Dieu, temps de l'éternité, temps de l'amour.

Pourquoi notre temps coule-t-il de jour et de nuit ? Parce que nous nous cherchons. Nous ne sommes pas encore vraiment nous-mêmes. Nous tentons de nous construire et de nous réaliser, car nous ne sommes pas encore ce que nous devons et voulons être. Nous sommes en devenir.

Si nous avons encore besoin d'à-venir, c'est que notre passé est échec. S'il nous faut encore faire des projets, c'est que ceux qui ont précédé ne sont déjà plus que cendre. Et le passé devient le temps des échecs ; l'avenir, celui des projets.

---

11. *Alpha* et *Oméga*, première et dernière lettre de l'alphabet grec, début et fin, symbole de totalité et de plénitude.

Mais viendra un jour où nous entrerons dans notre demeure. L'homme n'est pas «une passion inutile» (Sartre). L'heure vient où il coïncidera avec lui-même.

Jésus, par sa Résurrection, a vaincu le temps qui détruit. Il n'est plus écartelé entre hier et demain, car *il s'est totalement offert*, sans réserve. Sa maison est le don total de lui-même et il l'habite pour toujours. Ainsi se rassemblent et convergent tous les instants de son existence en un geste unique : «Ceci est mon corps livré pour vous !»

Tant que nous ne serons pas entièrement livrés dans l'amour, tant que nous nous conserverons fébrilement, nous nous chercherons sans nous trouver.

Mais déjà, au cœur de l'univers, resplendit Celui qui peut rassembler la durée du temps dans l'épaisseur de l'instant présent :

«*Je suis* Celui qui est, qui était et qui vient !
Je suis l'Alpha et l'Oméga !»

Entrez dans une chapelle ou une église. Une petite flamme garde jalousement l'éternité du don de Dieu : un morceau de pain. Jésus y est vraiment *présent* parce que offert sans réserve. Seul peut être présent à l'autre celui qui se donne. Jésus a tout donné et il est entièrement présent à ceux qui le reçoivent. Totalement livré en *présent* aux hommes et à Dieu, il est totale *présence*, éternel *présent*.

Quand tout est donné, il n'y a plus ni passé, ni à-venir. Il y a ÉTERNITÉ. Venez boire à la source de l'éternité qui coule dans ce pain venu du ciel. Au cœur du temps qui fuit, venez rassembler les instants de votre vie dans la coupe d'éternité que Dieu vous tend. Entrez dans le don de Celui qui s'est donné et abandonnez-vous, car seul l'amour peut combler.

Tout est vanité

Les plus grands hommes sont morts et j'aurai aussi mon rendez-vous avec cette dame indésirable. Nous nous croyons cependant tellement indispensables et nous considérons avec une certaine fierté le fruit du labeur de nos mains. Nous courons après le temps et, un jour, c'est lui qui nous rattrape et nous met hors course. Cette insignifiance d'une vie dans la multitude des siècles et la foule des créatures frappe d'inutilité apparente tout ce que nous réalisons. Et une phrase de l'Evangile traverse ma mémoire : «Nous sommes des serviteurs inutiles ; nous n'avons fait que notre devoir» (Lc 17, 10).

Souvent déjà dans ma vie, j'ai dû partir et quitter ce que j'avais commencé. C'est alors que j'ai pu jeter un regard plus objectif sur le temps écoulé et comprendre la relativité de toutes mes entreprises : il fallait le faire et cela en valait la peine... mais maintenant que je ne suis plus là, la vie continue et d'autres ont repris ce qui était mon travail. J'étais un serviteur inutile et je ne faisais que mon devoir.

Ainsi l'on découvre que l'essentiel n'est pas dans ce qu'on fait, mais dans ce qu'on est et devient au cœur de toutes ces activités. Cela transforme la manière dont on peut vivre chaque instant. On se dépossède de l'œuvre de ses mains pour devenir comme un roseau que Dieu emplit de sa musique.

S'il est vrai que tout ce que j'ai construit passe et que mes jours eux-mêmes se dirigent vers la tombe, il me faut décider : ou bien tout n'est que vent, ou bien au sein de cette inutilité se forge un être unique et irremplaçable qui a vu le jour pour enchanter la symphonie de l'univers où tant de notes et d'instruments font harmonie.

Face à la mort, l'homme découvre à nouveau ce qui est l'essentiel de son existence : la gratuité.

On se souvient sans doute du texte désabusé de ce sage de la Bible, Qohélet :

> Il y a un temps pour enfanter et un temps pour mourir,
> un temps pour planter et un temps pour arracher le plant,
> un temps pour pleurer et un temps pour rire,
> un temps pour se lamenter et un temps pour danser,
> un temps pour chercher et un temps pour perdre,
> un temps pour la guerre et un temps de paix...
> Quel profit y a-t-il pour l'homme de tout le travail qu'il fait sous le soleil ?
> Un âge s'en va, un autre vient...

> Je me suis tourné vers toutes les œuvres qu'avaient faites mes mains et vers le travail que j'avais eu tant de mal à faire. Eh bien ! tout cela n'est que vanité et poursuite du vent, on n'en tire aucun profit sous le soleil.
>
> (Qohélet 1 - cité librement)

Tout n'est que vanité, inutilité. Nous passons notre vie à perdre notre temps ! Mais l'éternité sera surabondance de temps perdu ! Et le bonheur viendra de ce que nous serons comme l'alouette qui de son chant emplit le ciel d'été, en pure gratuité.

L'arc-en-ciel du pardon

Vivre l'homme jusqu'au bout... s'accomplir dans le don de soi au cœur de chaque instant : projet toujours inachevé ! Projet inachevable ?

La liberté humaine est une liberté tragique : le bien n'est jamais totalement à notre portée. Notre idéal semble hors de nos prises. Souvent nous nous décevons. Nos réussites vont se perdre dans le mal qui nous encercle et détruit tout.

Le récit de la chute d'Adam et Eve exprime cette impossibilité radicale où est l'homme, par sa faute, de s'achever. Façonné de terre pour s'élever jusqu'à Dieu, il échoue parce qu'à la racine de son être, sa liberté refuse de se donner.

Par sa faute, l'homme est échec, son projet s'enlise.

Seul le *pardon* pourrait faire surgir un nouveau commencement, car il est créateur d'avenir et libérateur d'espérance. Là où le mal faisait barrage, il dégage le passage. Là où la destruction était à l'œuvre, il canalise les forces pour la reconstruction. Là où l'échec était le butin, il ouvre le chemin vers l'accomplissement. Pardonner, c'est recréer la liberté.

Mais qui peut pardonner en vérité ? Pour cela, ne faut-il pas être innocent ? Le pardon proféré par un coupable a toujours un relent de connivence : je tolère les erreurs des autres pour qu'on ne me me reproche pas les miennes.

Pour que le pardon des hommes soit efficace, il faut qu'il soit porté par celui de Dieu. Lui seul est liberté sans faille et amour sans complicité avec le mal. Lui seul est capable de pardonner jusqu'au bout et d'offrir à l'homme la radicalité d'un amour qui soit nouvelle chance pour un avenir neuf.

> Je vous donnerai un cœur nouveau,
> je mettrai en vous un esprit nouveau.
> J'enlèverai votre cœur de pierre
> et je vous donnerai un cœur de chair.
> Je mettrai en vous mon esprit.
> (Ezékiel 36, 26-27)

*

Au Calvaire se joue le drame de l'humanité.

Il y a là un brigand. Qu'a-t-il fait ? Nous ne le saurons jamais. Mais son aveu nous touche : «Nous recevons ce que nos actes ont mérité !» Une vie qui sombre. Un homme abîmé par le mal. Lamentable fin. Qu'y a-t-il encore à espérer ?

Mais tout désir n'est pas éteint. L'espoir allume encore une flammèche : «Jésus, souviens-toi de moi quand tu viendras dans ta royauté.» Et l'inouï se produit, la parole qui change tout : «En vérité, je te le dis, aujourd'hui même tu seras avec moi dans le paradis.» Sa désespérance se déchire et déjà il accoste au rivage de Dieu !

Jésus aussi voit sa fin proche. Il a passé parmi ses contemporains en faisant le bien. Rien que le bien. L'heure de la moisson est arrivée. Il récolte la haine. Les forces hostiles se déchaînent. Il avait semé le bon grain et c'est l'ivraie qui lève dans les cœurs. L'horreur est à son comble : une milice armée a arrêté un innocent aux mains nues. Un tribunal a prononcé la sentence au cours d'un procès truqué. Une croix sert de trône à l'Amour.

Qu'est donc l'humanité qui, du bien, peut faire jaillir l'atrocité ? Qu'est donc l'homme pour défigurer à ce point le monde ?

Et pourtant, ô merveille, l'amour est le plus fort : «Père, pardonne-leur car ils ne savent ce qu'ils font» (Lc 23, 33-34).

Jésus a ainsi clamé son espérance : le mal n'aura pas le dernier mot, Dieu ne se vengera pas ! Son amour triomphera et ouvrira une brèche.

L'œuvre de Jésus ne peut réussir que parce qu'il y a un Dieu qui pardonne. Elle ne peut être couronnée de succès que parce qu'il y a un surcroît d'amour qui parfait ce que l'homme entreprend. Il y a au cœur du monde une puissance de pardon et d'achèvement que nous nommons Dieu. Telle est la révélation du prophète de Galilée.

L'homme ne peut s'achever que dans le pardon donné et reçu. Le Christ, qui n'avait pas besoin d'être pardonné, a manifesté la plénitude de Dieu en appelant le pardon sur ceux qui le mettaient à mort. Sa résurrection est, pour celui qui croit, le signe que notre échec est provisoire : elle annonce un *autre monde*.

Voilà la justice divine. Les bourreaux ne triomphent pas de Jésus puisque Dieu ressuscite l'Innocent qui a donné sa vie. Mais l'Innocent ne 'triomphe' pas plus de ses bourreaux puisqu'il appelle sur eux le pardon de Dieu. Le pardon, c'est le geste créateur d'un Dieu qui, d'une humanité faite de meurtriers et de victimes, façonne une création nouvelle par la force de son Esprit.

Après le déluge qui avait détruit tous les peuples, Dieu fit alliance avec Noé en mettant son arc-en-ciel dans la nuée. Et à nouveau, il prononce les mots de la création : «Soyez féconds et multipliez-vous... L'arc sera dans la nuée et je le regarderai pour me souvenir de l'alliance perpétuelle entre Dieu et tout être vivant» (Genèse 9, 7-16). L'amour traverse les larmes de la déception et, comme le soleil à travers la pluie, il dessine l'arc-en-ciel du pardon.

Dieu scelle une alliance définitive avec les hommes. Il s'engage à faire aboutir notre humanité. Il couronnera l'épopée humaine et lui *donnera* son accomplissement *par*-delà l'échec. Il *par-donnera.*

Et cela, il revient au chrétien de le proclamer : Dieu tient dans ses mains notre avenir, il est *Par-Don*. L'homme un jour sera achevé et il recevra de son Créateur la moisson d'éternité.

Plus qu'une morale parmi d'autres, le Christianisme est l'achèvement de toute morale dans le pardon, car «l'homme a plus besoin de pardon que de pain» (François MAURIAC).

Mais il y a le «mauvais larron»... Qu'est-il devenu ? Dieu seul le sait ! Il nous rappelle que Dieu a pris au sérieux la liberté humaine. Nous pouvons toujours refuser tout accomplissement. La liberté n'est pas une chimère et Dieu la respecte.

Le pardon n'en est pas moins offert à tout homme, sans exception. C'est le cœur de l'Evangile et de la morale chrétienne. Dieu respire le pardon. Encore faut-il que l'homme se tourne vers lui pour recevoir son Souffle, l'Esprit-Saint (cfr Jn 20, 22-23).

Et la récompense ?

Au temps des croisades, un certain frère Yves rencontra, au milieu de la rue, une vieille femme qui portait dans sa main droite une écuellée pleine de feu et dans la main gauche, une fiole pleine d'eau. Il lui demanda : «Que veux-tu faire de cela ?» Elle répondit qu'elle voulait avec le feu brûler le paradis et avec l'eau éteindre l'enfer de telle sorte que ni l'un ni l'autre n'existassent plus. Il lui demanda : «Pourquoi cela ? — Parce que je ne veux pas qu'on fasse le bien pour gagner le paradis ou par crainte de l'enfer, mais seulement pour l'amour de Dieu qui vaut plus que tout et qui est notre bien suprême.»

Cette vieille femme avait raison. Si la Bonne Nouvelle est celle de l'amour, comment peut-on concevoir une morale qui serait pur calcul ? On ne dose pas sa vertu pour arriver au ciel à moindres frais et on n'évite pas de blesser son frère pour ne pas risquer de souffrir soi-même en enfer ! Qui se contenterait de semblables motivations serait bien loin de l'Evangile. Il se ferait une piètre idée de Celui qui est Amour sans l'ombre d'un repli sur soi.

C'est pourtant le reproche que l'on fait souvent aux chrétiens : «Vous aimez pour aller au ciel !» Un marxiste, Maurice Thorez, écrivait : «J'affirme que notre morale est vraiment supérieure : ceux qui en suivent les préceptes jusqu'à mourir pour les buts que nous proposons n'ont pas besoin d'espérer une récompense dans un au-delà qui n'existe pas, ce qui est une des plus belles preuves d'un absolu désintéressement... Nos héros savaient qu'ils s'abîmaient dans le néant [12].»

Le désintéressement... Tel est bien l'idéal de toute morale... fût-elle chrétienne ! Mais il n'est pas nécessaire pour autant que l'homme s'abîme dans le néant. Aimer, c'est précisément vouloir sortir l'*autre* du néant. Pourquoi faudrait-il qu'à mon tour j'y sombre alors même que j'en retire mon ami ?

Le chrétien fait un autre pari : la vie n'est pas absurde et il serait absurde qu'elle le soit ! Tout geste d'amour obtient non pas une «récompense», mais ce qu'il cherche : l'amour. Le «ciel» n'est pas une gratification extérieure à l'action que je pose comme l'est le poisson que le dompteur jette au dauphin. Il est l'*aboutissement* de l'action posée, son accomplissement.

Dans tout ce que nous entreprenons de bon, nous tentons de construire un monde heureux où chacun puisse s'épanouir, toi et moi, vous et nous, ensemble. Admettre l'existence du «ciel» c'est avoir la certitude que le désir qui habite chacun de nos gestes d'amour — à savoir d'habiter le Royaume de l'*Amour* — n'est pas vain. En poussant amoureusement notre rocher jusqu'au sommet de la montagne, nous parviendrons en haut et nous y resterons. Le *Mythe de Sisyphe* prétend faire le portrait d'un homme courageux : il sait que, parvenu en haut, le rocher dévalera aussitôt la pente, mais il continue de grimper. Faut-il être idiot pour être courageux ? Y a-t-il une quelconque grandeur pour l'homme à affirmer le néant et à le poursuivre sans cesse ?

Ce qui est surtout en jeu, c'est la grandeur de Dieu. Nous croyons qu'il nous désire de toute éternité et qu'en nous créant, il nous a tirés de l'inexistence. Pourquoi alors nous y replongerait-il après notre mort ? Le ciel n'est pas d'abord une récompense, mais l'exaucement du rêve désintéressé de Dieu lui-même qui nous veut comme compagnons d'éternité. Nous ne pouvons le rejoindre que

---

12. Préf. de M. THOREZ à E. GARAUDY, *Le communisme et la morale*, Paris, Ed. sociales, 1945, p. 6.

par l'amour, car il n'est de partage possible de sa béatitude que dans l'amour. Sa seule joie est d'aimer sans mesure.

Ce rêve de Dieu suscite en nous le désir que nous avons de Lui. Etre croyant, c'est, au-delà — ou plutôt *au cœur* — de tout humanisme, être épris de Dieu. A propos de ceux qui lui disent ne pas désirer l'«immortalité», Jean-Pierre Jossua écrit : «Où est leur désir de Dieu ? Et si vraiment il les brûlait, seraient-ils sans nostalgie de son Visage ? Que signifie cette indifférence pour leur foi actuelle même ? Je ne demande pas la vie éternelle, mais parfois je voudrais être avec Celui en qui j'ai mis toute ma joie et qui me demeure encore tellement étranger... [13] » L'attente du ciel n'est pas souci de *mon* éternité, mais soif de l'*Autre.*

★

Et l'*enfer* ? Serait-ce une punition ? Non. Il est le respect de notre liberté par Celui qui ne l'a pas créée pour la pétrifier ou s'y substituer. «S'il y a des damnés, écrit le P. Guarrigues, ils sont dans le cœur de Dieu, assiégés de toutes parts par son Amour, un peu comme des «trous noirs» de l'univers qui absorbent tout rayonnement sans en émettre la lumière [14].» Dieu aime ceux qui sont en enfer, mais eux, dans leur liberté, refusent cet amour.

Pourquoi ce refus ? C'est inexplicable, car tout acte libre, par définition, ne peut s'expliquer par rien d'autre que par lui-même. Pourquoi *m*'arrive-t-il de fuir l'amour ? La question est la même.

L'homme ira-t-il jusqu'à ce refus absolu ? Nul ne le sait parce que, lorsqu'il s'agit de liberté, rien n'est jamais joué d'avance, ni pour les autres, ni pour *moi.*

★

Sur la croix, Jésus n'a-t-il pas pardonné à tous ? Oui, mais n'est pas damné seulement celui qui a refusé d'*aimer.*

---

13. Jean-Pierre JOSSUA, *Lettres sur la foi*, Paris, Cerf, 1980, p. 147

14. J.- M. GUARRIGUES, *Dieu sans idée du mal*, Limoges, Critérion, 1982, p. 158.

Nous le serions tous. Le pardon peut toujours venir à bout de nos manques d'amour. On est damné parce qu'on a refusé aussi d'*être aimé*, c'est-à-dire d'*être pardonné*.

S'il y a des damnés, ils seront éternellement comme les traces douloureuses des clous dans les mains et les pieds du Christ. Ressuscité, Jésus conserve ces marques du refus.

Dieu lui-même semble « prisonnier » du choix qu'il a fait en nous créant. Il ne peut nous accorder le bonheur en dehors de Lui, car il n'y a de béatitude que dans l'Amour. Celui qui aime Le rencontre. Celui qui ne veut ni aimer ni être aimé Le manque.

Dieu ne peut non plus supprimer cette liberté qu'il a tirée du néant et renvoyer à l'inexistence celui qui se perd : ce serait l'injure suprême à la liberté et l'acte despotique le plus grand. Cela ressemblerait aux « disparus » de certains régimes politiques. Il ne reste dès lors qu'une issue, douloureuse : laisser subsister en Lui ces refus d'amour et souffrir éternellement du malheur de ses créatures. Nous voici au seuil du mystère de la Souffrance de Dieu.

Rien n'est encore fait. Rappelons que l'Eglise n'a jamais affirmé que Judas était damné. Ne peut-on espérer, avec le P. Martelet, « que l'amour de Dieu fera fléchir la révolte » ? Une manifestation bouleversante de cet amour, sans que nous sachions comment, aurait raison des résistances de notre liberté...

Lorsque Sartre écrit : « Je n'ai que mépris pour tes élus imbéciles qui ont le cœur de se réjouir quand il y a des damnés en enfer et des pauvres sur la terre ; moi je suis du parti des hommes et je ne le quitterai pas ; tu peux me faire mourir sans prêtre et me convoquer par surprise à ton tribunal, nous verrons qui jugera l'autre[15] », il nous montre qu'il n'a guère compris ce que peut être l'amour de Dieu. Le christianisme n'est pas la religion d'un Dieu impassible qui rend imperturbablement ses jugements. Il nous parle d'un Père qui a le cœur assez grand pour se réjouir du bonheur de ses enfants et souffrir sans fin de voir les malheureux

15. Jean-Paul SARTRE, *Le Diable et le Bon Dieu*, Acte II, Scène 4, Paris, Gallimard.

égarés. La Croix du Christ est plantée douloureusement dans le Mystère divin.

★

Beaucoup aujourd'hui parlent de *réincarnation* : tant que l'âme n'est pas suffisamment purifiée, il lui faut transmigrer dans un autre corps en vue d'y parfaire son accomplissement. Mais n'y a-t-il pas là un leurre ? N'est-il pas prométhéen de croire que l'homme peut conquérir sa propre perfection et que ce qu'il n'a pas réussi en une vie, il l'atteindra lui-même dans une autre ?

Le chrétien reçoit l'avenir comme un don qui déborde ses mérites, comme une gratuité qui vient rencontrer son attente. L'homme ne se donne pas la plénitude, mais il la reçoit. Le nier reviendrait à oublier que l'amour est d'abord accueil.

★

La «récompense» céleste et le but que nous poursuivons dans chacune de nos actions se confondent. Et ne font qu'un : la rencontre avec le Seigneur. Si en tout acte nous avons cherché le visage du Seigneur — et tel est bien le sens ultime de l'éthique pour un chrétien — nous le verrons et ce sera notre joie éternelle. Il n'y a pas de récompense différente de ce que nous avons toujours, parfois obscurément, recherché : Jésus Christ lui-même et, à travers lui, le Père.

Ce mot «récompense» est le plus impropre qui soit. Si Dieu lui-même est notre lot, qui pourrait faire valoir son droit à pareil héritage ? Le Royaume de Dieu n'est pas un salaire, mais la *gratuité* suprême d'un Dieu qui nous a créés pour nous épouser. Dieu ne paie pas ses dettes vis-à-vis de l'homme en lui octroyant une place au paradis en échange du bien qu'il a fait. Au contraire, pour que Dieu puisse nous accorder l'entrée, il faut qu'il redouble d'amour en nous pardonnant. Ce n'est pas notre bonne conscience qui peut nous offrir le ciel, mais le par-*don* de Dieu.

★

La vie jaillit de la mort. Ce que l'homme n'osait espérer, il le reçoit, dans l'action de grâces, des mains de son Dieu. Rien ne justifie l'éternité ni ne l'exige. Cependant, tout y aspire. La vie a déjà un sens par elle-même et beaucoup s'en contentent. Mais Jésus Christ nous apporte un *surcroît de sens* par sa Résurrection.

La vie éternelle est gratuité extrême où la vie déborde en pur excès et s'enchante dans la surabondance de l'amour. Elle est l'aurore inattendue du matin de Pâques qui a surpris les disciples et qui nous étonne encore. Nous n'osons y croire tant c'est inespéré, mais secrètement et profondément désiré.

L'au-delà et ses énigmes

L'au-delà de la mort réveille la curiosité de beaucoup. L'Evangile pourtant n'est pas un traité de géographie céleste. Jésus n'est pas venu nous donner des renseignements concrets sur la vie éternelle, mais interpeller notre liberté. Il nous met en garde contre les mirages qui peuvent conduire un homme à sa perte. Il nous révèle l'amour du Père et nous adresse l'invitation pressante du Royaume.

La mort, pour un chrétien, est naissance en Dieu. Ce n'est pas une autre vie qui nous attend, mais cette vie-ci qui, dilatée par l'Amour divin, devient autre. Le ciel est l'accomplissement et l'éclosion définitive de ce que notre terre porte en elle. Nous dérober au devoir terrestre du quotidien nous ferait donc manquer l'éternité.

La mort nous oblige à faire de notre vie une histoire, à élaborer des projets, à nous engager dans l'épaisseur du réel pour le marquer de notre trace. Si notre séjour ici-bas était illimité, nous ne le prendrions pas au sérieux, reportant toujours à demain l'urgence de l'aujourd'hui. Face à la fin, nous nous sentons en présence d'un absolu qui remet tout en question et change le poids des choses. Au lieu de tout frapper d'inutilité, la mort bien comprise apporte à chaque geste son pesant d'éternité. Car un temps, court, nous est donné pour bâtir notre avenir.

★

Emmanuel demandait à sa maman : «Bonne-Maman est près de Jésus ? — Oui. — Elle est heureuse ? — Oui. — Alors elle est heureuse sans nous ?» Ce petit garçon a perçu toute la difficulté : nous sommes encore dans les filets du temps et Bonne-Maman est dans l'éternité de Dieu. Comment marier l'éternité et le temps ? Bonne-Maman est en Dieu, mais son bonheur ne peut être complet puisque nous en faisons partie et que nous ne sommes pas encore près d'elle. C'est pourquoi l'Eglise a distingué le *jugement particulier* au moment de notre mort, et le *jugement final* au jour où l'histoire sera accomplie. Tant que nous ne sommes pas à la fin des temps, le Corps du Christ n'a pas encore atteint sa plénitude.

La question est la même pour la dépouille mortelle prisonnière de notre sous-sol tandis que nous croyons que le défunt se présente au seuil de la maison du Père. Puisque notre corps est l'univers entier jusqu'à la plus lointaine étoile [16] et que nous devons ressusciter drapés de la splendeur du cosmos transfiguré, tant que l'histoire court, la résurrection ne peut être achevée. Voilà pourquoi, dans le langage de la philosophie grecque, l'Eglise a enseigné que, à la mort, l'*âme* séparée du corps allait au ciel et jouissait déjà du repos dans l'attente de la *résurrection de la chair* au dernier jour des jours de ce monde.

Qui ne voit cependant la fragilité de toutes ces considérations face à l'immensité du mystère ? Introduire des notions de temps et d'espace, lorsqu'on parle de Dieu et de notre avenir en lui, conduit toujours à l'impasse. Mais nous ne pouvons faire autrement, car notre imagination est entièrement tissée d'éléments spatio-temporels.

Et le *purgatoire* ? Cette notion traduit une évidence toute simple : le saut qualitatif entre nous, pauvres pécheurs, et le Dieu de toute sainteté est énorme. Se trouver face à Lui ne peut, en un premier temps, que faire naître en nous la souffrance, celle qui brûle les scories pour ne garder que l'or pur. Où ? Quand et comment ? Il n'y a ni carte routière ni agenda au pays de l'Amour. Mais il est vrai qu'une

16. Voir *Au jardin de Dieu*, op. cit., p. 107-110.

communion est possible avec ceux qui, dans l'éclair fulgurant de l'éternité, se présentent au seuil du Mystère de Dieu. Prier pour les morts a un sens parce que nous ne sommes rien les uns sans les autres et que la mort ne brise pas nos solidarités. C'est ensemble que nous nous ouvrons à l'Ineffable.

Penser l'au-delà, c'est tenir ensemble des éléments qui semblent contradictoires sans pouvoir, par notre imagination, les harmoniser. Celui qui meurt entre dans la paix et le bonheur de Dieu et, *en même temps*, sa joie n'est pas encore totale puisque, tant qu'un seul être manquera, le ciel sera dépeuplé... Il est en Dieu et, *en même temps*, il attend la fin des siècles pour revêtir l'univers nimbé de gloire. A la mort, la liberté est jouée et, grosse du poids de tous les instants vécus, la personne pénètre dans le Mystère divin. Mais, *en même temps*, notre prière peut l'aider à accueillir Dieu et à se purifier au feu de l'amour.

La bague et le fiancé

«Que ta volonté soit faite sur la terre comme au ciel... » Combien de fois ne l'avons-nous pas récité sans trop y penser ? Pour le chrétien, la *volonté de Dieu* et la morale se confondent. En obéissant à sa conscience qui lui commande de poursuvre le bien sans relâche et de respecter les valeurs de Vérité, de Justice, de Liberté, de Beauté..., le croyant sait que c'est une *Personne* qu'il aime et pas seulement des préceptes qu'il applique.

L'expression *volonté de Dieu* évoque parfois pour nous un édit dictatorial, une décision arbitraire, un ukaze céleste auquel il faudrait nous soumettre parce que, de nous deux, c'est Lui le plus fort. Cette compréhension est incompatible avec notre foi en un Dieu-Amour. Pas plus que deux êtres qui s'aiment ne peuvent vouloir deux chemins différents, Dieu ne peut vouloir autre chose que ce que nous souhaitons au plus profond de nous-mêmes : l'épanouissement total de notre être dans l'amour.

Dieu n'a pas une volonté différente de la nôtre. Ou, plus exactement, notre *véritable* volonté ne devrait pas différer de la sienne. C'est le péché qui nous fait parler de sa volonté comme d'une réalité extérieure à nous, étrangère, voire étrange. L'amour est communion de deux libertés qui s'embrassent et ne font plus qu'un sans pour autant fusionner. Soupçonner que Dieu veuille autre chose que notre béatitude, c'est entrer dans une logique qui n'est plus celle de l'amour. C'est la logique du serpent des premières pages de la Bible qui suggère à l'homme que l'interdiction posée par Dieu n'est que peur d'être évincé.

Dieu porte en lui le secret du bonheur de l'homme. Choisir Dieu, c'est choisir l'homme. La vraie question n'est pas : « Dieu ou moi ? », mais : « Comment Dieu réussira-t-il en moi et par moi la merveille qu'il rêve pour moi ? »

La prière consiste à percevoir le rythme du cœur de Dieu pour battre à l'unisson d'un même amour. Elle est écoute de ce chant que l'Esprit fredonne en moi et désir de rejoindre la fraîcheur de la source par-delà tous les déchets et les impuretés qui l'obstruent.

Le péché rend cette communion difficile. Il me faut renoncer à tous les mirages de bonheur frelaté et me désencombrer de ce moi égoïste pour devenir pure attention à l'autre. Mes exigences personnelles, si petites soient-elles, peuvent faire écran à la rencontre véritable.

Imaginez un mari qui lancerait à son épouse : « Ma chérie, ce soir nous sortons ! Demande-moi ce que tu veux... mais n'oublie pas que je ne supporte pas le théâtre. » Quelle que soit la réponse que fera cette femme, jamais on ne pourra savoir quel était son désir profond, car au point de départ les dés étaient faussés. Ainsi agissons-nous souvent avec Dieu... « Seigneur, fais de moi ce qu'il te plaira, mais surtout, ne me demande pas ceci... » L'amour est exigeant, car le moindre pli y fait de l'ombre.

Saint Ignace de Loyola, dans ce guide pour trouver la « volonté de Dieu » que sont les *Exercices spirituels*, met l'*indifférence* comme point de départ, condition *sine qua non* de réussite de la démarche :

> L'homme est créé pour louer, respecter et servir Dieu notre Seigneur, et par là sauver son âme. Les autres choses sur la face de la terre sont créées pour l'homme, pour l'aider à poursuivre la fin pour laquelle il est créé.
>
> Il s'ensuit que l'homme doit en user dans la mesure où elles lui sont une aide pour sa fin, et s'en dégager dans la mesure où elles lui sont un obstacle.
>
> Pour cela, il faut nous rendre indifférents à toutes les choses créées, en tout ce qui est permis à la liberté de notre libre arbitre et ne lui est pas défendu. De telle manière que nous ne voulions pas, quant à nous, santé plus que maladie, richesse plus que pauvreté, honneur plus que déshonneur, vie longue plus que vie courte, et ainsi de tout le reste; mais que nous désirions et choisissions uniquement ce qui nous conduit davantage à la fin pour laquelle nous sommes créés[17].

Tout peut devenir sanctuaire sacré de la rencontre de Dieu, mais à condition que nous désirions vraiment aimer toujours davantage, car il n'y a d'amour que dans un continuel dépassement. « Le chrétien est à la fois le plus attaché et le plus détaché des humains », affirmait Teilhard de Chardin dans une page qui pourrait bien être le commentaire de ce texte d'Ignace. « C'est Dieu, et Dieu seul, qu'il poursuit à travers la réalité des créatures. Pour lui, l'intérêt est vraiment *dans* les choses, mais en absolue dépendance de la présence de Dieu en elles. La lumière céleste se fait tangible et attingible pour lui dans le cristal des êtres; mais il ne veut que la lumière; et si la lumière s'éteint, parce que l'objet est déplacé, dépassé ou se déplace, la plus précieuse substance ne devient plus à ses yeux que de la cendre [18]. »

Saint Augustin invitait ses chrétiens à ne pas préférer la bague au fiancé !

Merveilleuse bague sertie des splendeurs de la création... L'océan s'y mire avec ses plages délicieuses. Le soleil aux mille coloris éclabousse de clarté nos joies diurnes avant de

17. Ignace de LOYOLA, *Exercices spirituels,* n° 23, « Principe et Fondement », trad. Fr. Courel, Paris, DDB, 1963, p. 28-29.

18. *Le Milieu divin,* op. cit., p. 57. Plus loin, Teilhard parlera encore d'indifférence *passionnée* (p. 133).

laisser la scène au ballet lunaire avec son cortège d'étoiles. Majesté des grandes plaines et des champs de blé, frisson sacré des hautes montagnes et fraîcheur des torrents qui les dévalent...

Merveilleuse bague étincelante du sourire de nos amis, allégresse des visages que l'on embrasse et des amitiés qui se nouent, danses de fêtes et rires de retrouvailles, incomparable bonheur des grandes randonnées et des interminables confidences, partages de moisson et chants de vendange...

Mais tout cela n'est que la bague !

Tant que notre regard reste subjugué par l'éclat du diamant, nos yeux ne peuvent voir Celui qui nous l'a offert. Et le bijou, au lieu d'être le prisme de l'amour, en devient l'écran. Tant que la bague est symbole de l'amour du fiancé, elle suscite en nous tendresse et affection pour lui. Mais quand on n'y voit plus qu'un joyau qui nous pare de beauté et nous met en valeur, le visage du bien-aimé s'évanouit et le cadeau de l'amour est devenu pierre d'achoppement. Les choses les meilleures peuvent devenir creuses et vides. Mais les choses les plus banales peuvent s'auréoler de la gloire divine.

Celui qui a perçu qui était Dieu ne peut plus le mettre en balance avec tous les biens du monde, mais il accueille chaque créature en lui posant la question : «Es-tu pour moi la présence du Dieu vivant ?»

Le monde n'est qu'un moyen, passager et fugace, pour aller à la rencontre de Dieu. Les biens de cette terre sont comme des pierres qui émergent du torrent et attendent que nous sautions de l'une à l'autre pour franchir l'intervalle qui nous sépare de Celui qui est notre fin suprême, notre but ultime[19].

Entrons en confidence...

Le chrétien a une conviction : *Dieu parle*[20]. Dans la *prière*, le dialogue avec Lui est réel et, dans ce cœur-à-cœur,

---

19. Cfr G. FESSARD, *La dialectique des Exercices Spirituels*, II, Paris, Aubier, 1966, p. 24.

20. Voir *Au jardin de Dieu*, p. 121-132.

je reçois mon vrai visage pour l'éternité. J'écoute la confidence qu'il me fait et j'apprends à regarder ma vie avec ses yeux. L'Amour de Dieu est unique pour chacun : il ne me confond avec personne. Il m'appelle par mon nom et me livre son attente gonflée d'espérance.

Accomplir la *volonté de Dieu*, c'est exaucer le désir qu'il a de me voir devenir davantage moi-même dans la mouvance de son Amour. C'est recevoir de Lui chacun de mes instants comme l'épouse accueille de l'époux tout ce qu'elle est.

Je crois qu'en vérité je puis dire : ma vie ne serait pas ce qu'elle est s'il n'y avait eu la prière et, au fil des pages de l'Evangile, l'écoute patiente de la Parole semée dans tant de ronces. Obstinément, il m'a fallu scruter, venir et revenir, pour apprendre à distinguer Son désir de mes frivolités et, au milieu de l'ivraie de mes passions désordonnées, récolter le blé dur de sa Parole. Aujourd'hui, oserais-je dire que l'aventure est terminée... ?

O Seigneur,
murmure-moi ta volonté,
entrons en confidence.
Dis-moi comment tu regardes les hommes
et ce que tu attends d'eux
et ce que tu espères de moi.

Confie-moi, Seigneur,
le désir de ton cœur
et partage-moi le rêve de tes nuits
quand tu restes éveillé
et que, une lampe à la main,
tu attends nos retours.

Que respire en moi ton Souffle
et que nos vies battent à l'unisson
pour que, en ce monde en quête d'humanité,
je devienne le poème de ton amour
et l'hymne de ton éternité.

O Seigneur,
murmure-moi ta volonté,
entrons en confidence
et parle à mon intimité :
redis-moi les paroles de ton Fils
lorsqu'il chantait une chanson nouvelle
et annonçait des chemins inconnus.

Donne-moi le goût du risque
quand, pour emboîter le pas à mon frère,
il me faudra tout donner.
Allège mes fardeaux inutiles
pour que je puisse marcher sur ta route
d'un cœur libre.

CHAPITRE 4

COMME LE REGAIN...

Réflexions sur le péché

> On ne croit pas au péché mais à la rémission des péchés.
>
> Paul RICŒUR

C'est toi, cet homme !

Sophie a été emmenée dans les camps de concentration pendant la dernière guerre mondiale. Elle est là, debout, avec ses deux enfants, parmi toutes ces épaves humaines que l'on a déplacées dans des wagons à bestiaux. Un officier nazi passe et semble la prendre en sympathie, car elle est très jolie. Se sentant en confiance, elle lui explique qu'elle est catholique et qu'elle a été emmenée là par erreur. C'est alors que par un brusque revirement que je ne m'explique pas, le militaire lui demande de choisir entre sa fille et son fils. Epreuve inhumaine et impossible pour le cœur d'une mère... Elle sait que la mort attend celui qu'elle ne choisira pas. Et elle refuse ce dilemme, hurlant sa souffrance. Le nazi fait alors mine d'emmener les deux enfants et elle de crier *in extremis* : «Prenez la petite !» La vie de cette femme en sera définitivement brisée [1].

---

1. *Le choix de Sophie*, film de Alan PAKULA.

Je n'ai jamais vu image plus saisissante de l'horreur. L'homme peut aller jusqu'à se servir des plus beaux sentiments pour blesser et déchirer. L'atrocité du mal est une réalité tristement quotidienne. Elle fait partie de la toile de fond de notre existence et nous enserre de partout. Mais elle s'insinue aussi jusqu'à la jointure de notre être. Personne n'est innocent.

Le grand roi David, ce chantre de Dieu, avait pris Bethsabée, l'épouse d'Urie le Hittite qui était en campagne dans les armées royales. Elle se retrouva enceinte et David, pour masquer son forfait, en vint à faire périr Urie afin d'épouser sa femme. Sa conscience ne lui reprochait rien. N'était-il pas le roi ? On s'habitue si vite à la puissance et l'on croit que tout est au bout de son désir.

Le prophète Nathan se présenta et lui raconta cette parabole : «Dans une même ville, il y avait deux hommes, l'un était riche et l'autre était pauvre. Le riche avait des brebis et des bœufs en très grand nombre. Le pauvre avait tout juste une petite brebis qu'il avait achetée. Il la nourrissait et elle grandissait chez lui avec ses enfants, elle mangeait de son pain, elle buvait dans sa coupe, elle dormait tout près de lui : elle était comme sa fille. Un jour, un voyageur se présenta chez l'homme riche. Celui-ci voulant nourrir son hôte tout en ménageant son troupeau, alla prendre la brebis du pauvre, et la prépara pour le voyageur...»

David fut outré par un tel comportement et il déclara que le coupable méritait la mort. Il ne restait plus à Nathan que d'ajouter : «Cet homme, c'est toi !» Et les yeux du triste roi s'ouvrirent... (Second livre de Samuel, 11-12)

L'homme est aveugle. Le mal qu'il fait, bien souvent il ne le voit pas. Il a besoin que quelqu'un lui ouvre les yeux. Nous sommes pourtant très prompts à découvrir autour de nous les erreurs des autres. Lorsque nous nous prenons à condamner, arrêtons-nous un instant pour nous considérer nous-mêmes : ne suis-je pas cet homme ? Nous découvrirons que ce qui nous révolte chez l'autre habite notre propre cœur. «On ne reproche aux autres d'être égoïste que si on l'est ; on ne souffre en eux que de ses propres misères» (Maurice Blondel).

Jésus est venu, tel Nathan, nous révéler notre mal et ses profondeurs cachées, car on ne peut en prendre véritablement conscience que face à un amour. Zachée n'a pas opéré sa réforme de vie après avoir consciencieusement médité sur ses actes. C'est l'invitation inattendue de Jésus et sa présence chaleureuse qui ont tout bouleversé et qui, comme un éclair en pleine nuit, lui ont soudain révélé les aspérités de son chemin.

«Père, pardonne-leur : ils ne savent pas ce qu'ils font !» (Lc, 23, 34). C'est parce que Jésus ne crie pas sa colère ou son mépris que, face à la croix, nous pouvons nous frapper la poitrine. En le voyant ainsi suspendu, nous comprenons tout à coup, effrayés, que le pauvre à qui on a volé l'unique brebis, c'est Dieu lui-même.

Plaider coupable

Devant le mal qui envahit le monde, l'homme moderne est tenté de chercher des excuses. On parle de «déculpabilisation» et les sciences humaines se font un devoir de tout expliquer par des influences extérieures à la personne : idéologie de classe, complexes, mauvaise éducation, enfance malheureuse, angoisses... Tout cela est vrai et n'est pas sans conséquences pour notre comportement. Mais à absolutiser les conditionnements, on en vient à tuer l'âme :

«Un accusé, raconte le philosophe allemand Karl Jaspers, voulut un jour plaider son innocence devant le tribunal; il allégua qu'il était né avec des dispositions qui l'avaient entraîné au mal et que, ne pouvant agir différemment, il ne devait pas être tenu responsable. Le juge lui répondit avec esprit que la même raison justifiait également sa conduite à lui, juge : il ne pouvait pas non plus faire autrement que de condamner, étant ce qu'il était et forcé par là d'agir selon des lois données [2] .»

---

2. Karl JASPERS, *Introduction à la philosophie*, Paris, 1951, coll. 10/18, p. 84-85.

Ce qui menace l'homme, c'est d'être réduit, comme disait Dostoïevski, à n'être qu'une touche de piano. Face à ce danger, l'homme ne doit-il pas *plaider coupable* ? Il y va de sa grandeur. Il vaut mieux être déclaré responsable du mal qu'on commet plutôt que de se voir considéré comme un pion sur un échiquier et d'entendre ses actions expliquées par des « facteurs exogènes ». Reconnaître ses torts, c'est aussi proclamer, en creux, sa grandeur : je suis un être *libre*. Personne ne m'ôtera la responsabilité de mes actes même si ceux-ci sont posés à l'intersection de nombreuses influences et circonstances.

Si je ne suis pas responsable du mal que je commets, comment pourrais-je être le véritable sujet du bien que je fais ? Si ma faute n'est pas à moi, mon amour le sera-t-il ? Le mal est le fruit d'une liberté abîmée, certes, mais qui subsiste. C'est là notre espoir : un jour elle sera restaurée.

Plaider coupable... Mais devant qui ? Devant ma conscience ? Elle sera mauvais juge ou bourreau impitoyable. Devant l'humanité ? Mais elle est prisonnière des mêmes maux que moi et elle cherche, elle aussi, devant qui plaider.

Si notre liberté est absolue, c'est parce qu'elle plonge ses racines dans l'Absolu qui seul peut la fonder et lui donner consistance. Si Dieu n'existait pas, la liberté serait une chimère suspendue dans le vide sans autre vis-à-vis qu'elle-même. Nous serions alors en pleine absurdité, car elle n'aurait plus de partenaire. Elle ne serait plus le lieu d'une relation. Etre libre, c'est être *responsable,* capable de répondre. Dieu, en me créant, m'invite et m'appelle; en même temps, il me fait libre, capable de répondre. S'il n'y avait pas d'appel, il n'y aurait pas de réponse non plus. La liberté est dialogale[3].

Camus a bien perçu le drame de la conscience morale athée : elle est à tout jamais seule devant son propre jugement. Dans *La Chute,* Clamence confie à son interlocuteur : « Je ne savais pas que la liberté n'est pas une récompense (...)

---

3. Dans le chapitre III de *Au Jardin de Dieu,* « Libres pour aimer », j'ai longuement abordé le thème de la liberté et tenté de montrer comment elle était la trace la plus sûre de l'existence de Dieu.

Oh non ! C'est une corvée, au contraire, et une course de fond bien *solitaire*, bien exténuante (...) *Seul* dans une salle morose, *seul* dans le box, devant les juges, et *seul* pour décider devant soi-même ou devant le jugement des autres. Au bout de toute liberté, il y a une sentence; voilà pourquoi la liberté est trop lourde à porter (...). Ah ! mon cher, pour qui est *seul, sans dieu*, et sans maître, le poids des jours est terrible[4].» Camus a très bien compris, en effet, que tous ses semblables étaient aussi coupables que lui et ne résolvaient donc pas la question de sa solitude et du jugement.

Tel est le drame de la liberté qui ne se reçoit plus de l'Absolu. Quand la liberté se confond avec une indépendance stérile et n'est plus comprise comme un lieu de relation, nous sommes dans l'impasse.

Heureusement, l'homme peut *plaider coupable devant Dieu*. C'est sa chance, car il est devant l'Amour qui peut faire renaître à chaque instant l'avenir et ses promesses.

La foi chrétienne appelle péché ce mal dont je suis responsable *devant Dieu*. Pour l'incroyant, ce mot n'a guère de sens : il commet des erreurs ou des fautes. Seul le croyant peut parler de péché, car il a compris que ses fautes atteignaient le cœur de Dieu et que, en dernier ressort, c'est Lui qui est blessé par le mal que nous faisons.

Mais voici le coup de théâtre de la Révélation chrétienne : dans un monde cassé où le petit souffre l'injustice et où l'innocent est écrasé, Dieu est venu et nous l'avons trouvé à la place du petit et de l'innocent. Il devient ainsi manifeste que Dieu est la *première victime* du péché et qu'il en souffre. Et nous avons compris la réelle grandeur que Dieu nous a donnée : nous, petites créatures mortelles, nous avons pris sur lui un tel pouvoir et une telle puissance que nous pouvons le faire souffrir à mort. Il s'est mis dans une telle dépendance vis-à-vis de nous parce qu'il est fou d'amour.

Dieu fait cause commune avec toutes les victimes de nos aveuglements cruels. L'amour, en effet, se porte toujours là où l'autre souffre :

---

4. Albert CAMUS, *La chute*, coll. Folio, n° 10, p. 141.

> «Les SS pendirent deux Juifs et un adolescent devant les hommes du camp rassemblés. Les hommes moururent rapidement, l'agonie de l'adolescent dura une demi-heure. «Où est Dieu ? Où est-il ?», demanda quelqu'un derrière moi. Comme l'adolescent se débattait encore au bout de sa corde, j'entendis l'homme apppeler à nouveau : «Où est Dieu maintenant ?» Et j'entendis une voix répondre en moi : «Où est-il ? Il est ici... Il est pendu au gibet...» [5]

C'est Jésus qui nous révèle ce qu'est le péché en nous montrant la vulnérabilité de l'amour de Dieu. En le voyant pendu au gibet de la croix, notre étonnement est grand : qui donc est l'homme pour qu'il puisse ainsi atteindre Dieu en plein cœur ? Et qui donc est Dieu pour ne faire qu'un avec toutes les victimes de notre perversité ?

Le juge devant lequel nous plaidons est aussi notre victime.

La statue de la vérité du monde

Le mal qui ronge le monde est sans fond. Face à lui, les statistiques ne sont que badigeonnage et camouflage : pourcentage de ceux qui meurent de faim ; pourcentage de ceux qui trouvent la mort à la guerre ou dans les accidents ; pourcentage des filles qui tombent dans les mains d'un proxénète ou pourcentage d'enfants maltraités... Chaque personne est *unique* et, tant qu'un seul être sera malheureux, Dieu le sera plus que lui.

Dans *Crime et Châtiment*, Rodia a remarqué une fille dont, visiblement, on venait d'abuser. Les réflexions se bousculent dans sa tête : «Bah ! que m'importe, on dit qu'il en faut. Un certain pourcentage doit finir ainsi chaque année... et disparaître Dieu sait où... au diable sans doute, pour garantir le repos des autres. Un pourcentage ! Ils ont de jolis petits noms ! rassurants, techniques... On dit un pourcentage. Il n'y a pas de raison de s'inquiéter... Et que

---

5. Elie WIESEL, *Night*, p. 75-76.

sera-ce si Dounetchka est un jour englobée dans ce pourcentage[6] ? »

Pour Dieu, il n'existe pas de pourcentages, mais *une* brebis perdue, *une* drachme égarée, *un* enfant prodigue. Et sur la croix, nous comprenons que chaque personne défigurée est la chair de sa chair, que chacun des enfants innocents massacrés à Bethléem, c'était Lui.

Je relis ce poème, inédit je pense, que l'écrivain russe Evtoschenko a écrit en 1971 lors d'un passage à Lima. Ce soir-là, à l'heure où la ville prend un autre visage, le poète se promène dans les avenues nocturnes de la capitale du Pérou. Tout à coup, dans un tas de journaux morts — la nuit change les journaux en détritus —, il aperçoit une silhouette humaine :

> Là-bas, accroupie et muette,
> sans se plaindre de rien ni de personne,
> une vieille dame s'est faite un poncho,
> un poncho des nouvelles sensationnelles du jour écoulé.
> La vieille s'est enveloppée, pour échapper au froid,
> elle s'est emmitoufflée dans l'extrême-droite
> et dans l'extrême-gauche
> jusqu'aux yeux !

Et il énumère les nouvelles des journaux de ce jour-là, avec leurs titres à la une ; il cite les grands personnages et décrit les photos à sensation et le luxe des publicités... Tout cela sert de couverture à cette petite vieille qui ne comprend rien à ce monde qui l'écrase et l'ignore :

> Elle est comme une statue vivante,
> la statue de la vérité du monde
> qui gît sous le tas de mensonges.
> Moi, le représentant d'un grand Pays,
> silencieusement j'incline ma tête
> comme un enfant perdu
> devant ce visage douloureux,
> son visage de cuivre raviné de rides;

6. F. DOSTOIEVSKI, *Crime et Châtiment*, Paris, Gallimard, Bibl. de la Pléiade, p. 92. Dounetchka est la sœur de Rodia.

car tout au fond de cette vieille se cache jalousment,
se cache, en respirant en secret,
le Pays le plus grand du monde :
l'âme humaine.

Le pays le plus grand du monde... la fleur unique ... le visage irremplaçable... Voilà ce que le péché ignore. Mais pour Dieu, personne n'est oublié dans les tableaux statistiques. Il ne fait qu'un avec chacun des souffre-douleur de notre humanité : «J'étais en prison, et tu ne *m*'as pas visité...»

Sculpteurs d'idoles

L'homme ne recherche pas le mal. C'est toujours le bien qu'il poursuit, *son* propre bien. Mais il se trompe quant à sa définition, et cette erreur n'est pas sans lien avec sa liberté profonde qui refuse de se donner. Dans son ignorance, il croit que les choses créées pourront faire son bonheur. Pourtant *Dieu seul* est à la mesure de la béance humaine. L'homme est aspiration infinie, désir insondable. Trop vite il veut combler ce creux par de menues conquêtes alors qu'il est taillé pour l'Absolu.

La vie est espérance de Dieu au cœur de tout acte et de tout geste. Souvent, hélas, nous ressemblons à des gens qui, en attendant la visite d'un ami qui tarde, se sont remis à la tâche. Celle-ci les absorbe de plus en plus et, lorsque l'hôte se présente, il est de trop : sa place est déjà prise par de multiples occupations.

Tant de choses viennent encombrer l'espace que Dieu seul est digne d'occuper. Notre cœur était fait pour l'immensité des horizons et il se laisse envoûter par si peu. Le monde d'aujourd'hui est passé maître dans l'art d'éteindre le désir de l'essentiel. Nous nous laissons gaver par des objets, tristes substituts de l'Unique Nécessaire. Or tout vient de Dieu... mais nous accaparons ses propres dons pour en faire notre possession exclusive, sans plus les recevoir comme signe d'un amour et lieu d'une invitation. Le péché est ingratitude. Les cadeaux deviennent alors des gadgets qui font écran entre celui qui reçoit et celui qui donne, entre l'homme et son Dieu. Tel un dessin de sable que les vagues effacent au bord de la mer, le visage divin pâlit en nous et s'évanouit. Le désir s'éteint et meurt.

Les prophètes de l'Ancien Testament déploient une ironie pleine d'humour contre ces idoles qui veulent prendre la place de Dieu.

> Le sculpteur sur bois prend mesure, dessine l'image à la craie, la travaille aux ciseaux et suit le dessin du compas. Il s'était coupé du cèdre, ou bien il avait pris du cyprès ou du chêne. Pour les gens, c'est tout juste bon à brûler. On en prend pour se chauffer. Mais lui fabrique un dieu devant lequel il s'incline. Il en brûle au feu une moitié. Avec ce qui reste, il fait son dieu, son idole devant laquelle il s'incline et se prosterne et qu'il prie en disant : « Délivre-moi, car tu es mon dieu » (Isaïe 44, 13-17).

Ce sculpteur, dit Isaïe, fait son idole conforme aux proportions humaines (44, 13). Voilà son erreur. L'homme est trop grand pour se contenter des dimensions humaines. Il est fait pour Dieu, il est né pour un inlassable voyage sur les ailes de l'amour et ses yeux contempleront l'infini. L'homme, disait Pascal, passe infiniment l'homme.

Le *péché* consiste à étouffer le désir que nous avons de Dieu parce que nous nous faisons une trop petite idée de l'homme. Le pécheur se contente de peu et se satisfait des idoles. Il ne cherche plus un ailleurs. Mais qu'est-ce que l'homme si ne se dit plus en lui la nostalgie du rivage divin ?

Le péché, c'est la somnolence du cœur qui ne désire plus l'infini et se laisse encombrer comme une source qui s'ensable. « Tenez-vous sur vos gardes, disait Jésus, de crainte que votre cœur ne s'alourdisse dans la débauche, l'ivrognerie et les soucis de la vie » (Lc 21, 34).

A travers toutes ces idoles, c'est nous-mêmes que nous recherchons. Le péché est toujours refus de sortir de soi et de marcher vers l'autre. Il est poursuite frénétique de soi. Nous sommes sans cesse tentés de nous faire centre du monde alors que nous sommes cette créature étrange qui a son centre dans l'autre. Le péché est manque d'amour, repli sur soi, incurvation. La ressemblance avec Dieu est alors perdue et la lumière divine, au lieu d'irradier notre visage, y projette l'ombre de nos plis et de nos égoïsmes.

L'homme ne choisit jamais le mal pour le mal. Il ne se trouve pas en face d'une alternative : ou le bien ou le mal. Il est en face de son frère, trace de Dieu, et il est invité à le préférer à tout et à se donner à lui : là sera son bonheur, sa béatitude. S'il refuse cet unique mouvement de salut, il devient prisonnier de lui-même et sa vie se rétrécit aux limites d'un horizon bien étriqué. Tel est le péché qui nous fait préférer le clapotis du bord de mer au vent du grand large.

Le péché s'insinue partout comme la poussière de la saison sèche dans les pays tropicaux. Ce n'est pas être pessimiste que de le voir à l'œuvre dans toutes nos entreprises : il est la couleur de chacun de nos actes. Comme l'ivraie et le bon grain sont mêlés, bien et mal s'entrelacent chaque fois que nous agissons. Le plus beau geste d'amour est entaché d'égoïsme et nos plus belles œuvres sont encore recherche sournoise de nous-mêmes. Un miroir nous accompagne dans nos élans de tendresse et nous nous y mirons tandis que nous croyons aimer. Il faudrait n'avoir de regard que pour autrui et devenir pur oubli de soi-même, amour sans calcul ni récupération. Il nous faudrait être une fontaine débordante qui ne privilégie personne et qui ne se préoccupe pas de ce que les autres feront de l'eau. Mais l'ambiguïté ronge notre vie comme le ver, la pomme.

Cette découverte, accablante parfois, ne doit pas nous paralyser. Jésus, dans la parabole, refuse que l'on arrache l'ivraie de peur que le blé n'en souffre (Mt 13, 24-30). Il faut regarder en face cette infirmité de notre cœur et tenter, jour après jour, d'élargir les frontières de l'amour.

Nous rencontrerons des occasions d'aimer en pure perte et de donner sans espoir de retour. Parfois, nous ferons un pas vers l'autre sans être récompensés. Il nous arrivera d'accomplir notre devoir sans être reconnus et appréciés. Nous verserons des larmes secrètes lorsque nous serons méprisés injustement et ignorés. Nous ferons un pas avec pour seule motivation Dieu et son indicible mystère... Ces jours-là, notre amour douloureusement grandira et guérira en nous tous ces moments d'égoïsme et ces instants de médiocrité.

L'important est d'avoir de temps en temps dans notre vie des gestes qui approchent le pur amour. Ils rachètent nos lâchetés et sont comme une petite fleur qui s'ouvre pour crier aux autres que le printemps approche. Ces petites victoires, instants de grâce, feux follets de lumière, transfigurent notre quotidien et nous invitent à croire que le soleil dissipera nos ténèbres. L'homme est né au pays de Dieu et, de temps à autre, il se souvient de son origine...

Dès l'origine

Le mal est omniprésent. Il nous enserre de toutes parts. Aussi haut que nous remontions dans l'histoire, nous constatons ses ravages. Aussi loin que s'étende notre regard, nous découvrons une *solidarité* profonde de tous dans l'égoïsme et l'indifférence, voire dans la haine et la destruction.

Cette vision de l'humanité peut sembler négative. Mais il suffit d'allumer la télévision ou de lire le journal pour être soûlé de nouvelles et d'informations venues de ce monde gâché : la violence de la course aux armements dans un monde où l'on a faim; l'abondance et la jouissance à côté de tant de misères et de dénuement... Tout cela nous agresse et nous laisse désenchantés, désespérés...

Nous nous sentons impuissants et même complices, car nous ne faisons rien pour aller à contre-courant et porter secours à cette pauvre humanité en danger de mort. «Si tu veux mériter l'Enfer, il suffit que tu restes dans ton lit : le monde est iniquité ; si tu l'acceptes, tu es complice, si tu le changes, tu es bourreau. (Riant) Ha ! la terre pue jusqu'aux étoiles[7] .»

D'où vient cette marée ? Où l'homme a-t-il pris ses idées de mort ? La foi ne donne pas de réponse, car le mal est

---

7. Jean-Paul SARTRE, *Le Diable et le Bon Dieu*, Acte I, scène 6, Paris, Gallimard.

l'inexplicable. Mais elle nous parle du *péché originel* : à l'origine, l'homme n'était pas pécheur, mais il l'est *dès* l'origine.

L'humanité naît du désir de Dieu et de son appel. L'homme a surgi de l'animalité et, à ses débuts, il devait être encore bien fruste et grossier. Adam n'était pas le surhomme que parfois notre imagination mythologique nous présente. Mais à la différence des autres, cette nouvelle créature a une vocation supérieure : voulue pour elle-même, elle est invitée à participer à la vie même de son Créateur. Voilà ce qui fonde la liberté. Dieu, en effet, ne cherche pas à entrer en dialogue avec des pantins, mais avec des êtres responsables : l'homme est créé créateur, capable de se faire lui-même dans la dynamique de cet appel et chargé d'inventer les chemins de sa propre humanisation.

Mais, *dès l'origine*, l'homme refuse d'*accueillir le don* que Dieu veut lui faire. Dieu voulait que nous devenions comme Lui, mais avec Lui et pas sans Lui ou contre Lui. La mythologie grecque met en scène le désir prométhéen de cet homme qui veut se faire dieu par ses propres moyens et arracher à la divinité le feu qu'elle garde jalousement. Or la vie divine n'est pas au bout d'une conquête; elle est le fruit d'un *accueil*. L'homme en a fait un *dû* : «Dieu sait que, le jour où vous mangerez du fruit de cet arbre, vos yeux s'ouvriront et vous serez comme des dieux...» (Genèse 3, 5)

Le serpent est le maître du soupçon ! Il vient mettre en doute l'amour de Dieu et faire de lui le rival de l'homme. Erreur stratégique qui fera prendre à l'homme des sentiers de broussailles. O petit homme, Dieu veut tout te donner, mais laisse donc le temps faire son œuvre ! Ne devance pas l'heure par crainte de ne rien recevoir !

Le dogme du péché originel ne nous donne aucune précision historique. Il nous dit que ce faux pli qui est à la racine de l'humanité coïncide avec la genèse de sa liberté et de chacune de nos libertés propres : c'est là que nous voulons nous faire par nous-mêmes, contre les autres et contre Dieu, nous érigeant en centre du monde. Dès ce moment, l'aventure est mal partie et ne peut que tourner court.

Cette doctrine vient traduire une évidence : l'homme est prisonnier du mal et il ne peut pas, même s'il le désirait vraiment, s'en sortir tout seul. Nous ne sommes rien les uns sans les autres. Nous sommes tous interdépendants. Dans sa structuration même, toute personne est solidaire du réseau de relations dans lesquelles elle est immergée. Or le péché y a déjà pris corps. Je fais partie de cette humanité qui déjà, avant que je ne vienne au monde, a opté pour le mal. Je ne puis qu'être marqué et conditionné par ce choix qui me précède. Dès que ma conscience s'éveille, je rencontre d'autres personnes déjà abîmées par le mal : comment ne goûterais-je pas à ces saveurs amères ?

L'homme n'est pas mort pour autant. Il est seulement défiguré et blessé. Si la ressemblance avec Dieu est revêtue d'un masque de laideur, l'image cependant demeure encore au plus intime de l'âme humaine. C'est ainsi, comme disait le Balthazar du roman de Michel Tournier [8], que parfois le reflet, la grâce, l'éternité noyée dans la chair filtrent comme un rayon d'espérance. Et nous découvrons, mêlée à la boue du péché, l'eau claire de nos bons élans et de nos désirs de pureté. Nous savons que tout n'est pas perdu tant que l'horreur nous révolte encore. Si le péché avait définitivement vaincu, nous ne pourrions même plus nous en scandaliser. La damnation, la déréliction, l'absurde, c'est lorsque nous avons perdu le sentiment et la connaissance de notre péché (Kafka).

Disculper Dieu et sauver l'homme

Il est difficile aujourd'hui de parler du *péché originel* sans voir sourire. Il y a va pourtant de l'innocence de Dieu et de l'espérance de l'homme. Cette notion, en effet, sauve et Dieu et l'homme !

Le péché originel sauve Dieu : il n'est pas l'auteur du mal. Il en porte le poids, non la responsabilité. Le monde n'est pas l'œuvre d'un Dieu méchant.

Il n'y a pas non plus à l'origine de l'univers deux principes qui se disputeraient l'hégémonie : Dieu, principe

---

8. Michel TOURNIER, op. cit., p. 94.

du Bien, et Satan, principe du Mal. La foi chrétienne nous parle d'un Dieu d'amour, créateur de *tout* ce qui existe au ciel et sur terre... et même de Satan (voir *infra*) qui est sorti bon des mains créatrices.

C'est une garantie de salut. Si Dieu était l'auteur du mal ou en lutte avec un autre principe égal à lui, il n'y aurait aucune espérance pour nous.

Le péché originel sauve l'homme : le tréfonds de son être n'est pas mauvais. Il a été créé bon et, plus originel que le péché, il y a la ressemblance avec Dieu. Lorsque le Fils éternel devient chair, il revêt notre humanité et nous devient semblable en tout, excepté le péché, car l'homme véritable n'est pas pécheur. L'humanité qu'il a assumée est celle d'avant la «chute». Si nous ressemblons à Jésus Christ, c'est en ce qu'il y a de plus jeune en nous que le péché. Et nous osons croire que cette jeunesse originelle aura le dernier mot.

Un jour, en écoutant Jacques Brel, j'ai été frappé de voir à quel point l'enfance le fascinait et éveillait en lui la nostalgie d'un temps d'innocence définitivement révolu. Un peu comme «les grandes personnes» de Saint-Exupéry, l'adulte, chez Brel, finit toujours par effacer l'enfant qu'il a été. C'était, à ce moment-là, la période de Noël et je me suis rappelé que, lorsqu'il s'est fait homme, Dieu est devenu *enfant*. Et Jésus invitera ses disciples à ressembler aux enfants pour entrer dans le Royaume. Le chrétien ne partage pas le pessimisme d'un Brel. Il croit que son visage de «grande personne» n'est qu'un masque que l'amour pourra arracher (Lc 18, 15-17).

Le dogme du péché originel nous présente une vision extraordinairement positive de l'homme. Il nous révèle sa grandeur native et nous apporte l'espérance d'un dépassement du mal. L'amour de Dieu, si du moins nous y consentons, viendra à bout de toutes les forces hostiles. Déjà, en Jésus Christ, nous avons aperçu l'homme innocent du péché, tel qu'il est né des mains de Dieu à l'aube des temps. Jésus Christ est «le premier né de toutes les créatures» (Colossiens 1, 15), bien avant Adam et Eve. Ainsi, le péché qui n'est pas le premier mot ne sera pas non plus le dernier.

Satan, où es-tu ?

L'être humain est-il le seul responsable du mal ? Dans le récit de la Genèse, le *serpent* semble suggérer que le mal vient de plus loin et que l'homme ne peut pas en être le principe absolu. Adam et Eve sont autant victimes que coupables. Ils ont *commis* la faute, mais ils ont aussi *succombé* à une suggestion qui leur était étrangère.

Est-ce à dire qu'en dehors de l'humanité il existe un principe personnel du mal, celui que nous appelons Satan, démon ou diable ? Le récit de la Genèse autorise une réponse positive, mais sans l'imposer.

Derrière tout le diabolique et toute l'horreur — Hitler, l'ex-Yougoslavie, le Rwanda, mais aussi autour de nous dans tout acte de haine pure, de division, de mensonge systématique — il y a, je le crois, «quelqu'un». Voir Satan partout, cependant, est souvent un manque de sagesse, mais ne le voir nulle part est peut-être un manque de prudence et de lucidité.

Admettre l'existence de Satan, le Tentateur, me permet de continuer à espérer en l'homme. Il n'est pas possible qu'il se soit perverti à ce point tout seul. Le Malin serait donc une mystérieuse réponse au mystère du mal, mais une réponse quand même.

L'Eglise s'est contentée d'affirmer que les démons sont des créatures spirituelles qui *librement* sont devenues mauvaises [9]. Elle a beaucoup parlé de Dieu sans épuiser son mystère, qui est excès de lumière. Elle n'a presque rien dit sur Satan parce que son mystère est excès de ténèbres. Pas moyen d'y voir clair.

Face au mystère d'iniquité, il vaut mieux se tenir à l'écart et s'attacher à Jésus Christ, à son Royaume de lumière. «Mais délivre-nous du Mal.» Il y a une majuscule, car il s'agit du Malin. Thérèse de Lisieux se comparait à une petite fille qui, sur les épaules de son papa, n'a pas peur du gros chien qui aboie au bout d'une chaîne.

L'énigme du mal est à résoudre en termes d'espérance. Si j'admets l'existence de Satan, je *crois* en Jésus Christ vainqueur. Par l'amour, il a triomphé de la mort et du Malin. Petit à petit, au gré de notre liberté, sa victoire gagne du terrain en nous.

---

9. Concile de Latran IV, 1215.

Solidarité nouvelle

L'être humain est façonné par ses relations. En naissant dans une société où déjà le péché a pris corps, le nouveau-né en a l'amertume à la bouche. Lorsqu'il sera capable d'agir vraiment en liberté, ses actes seront immanquablement conditionnés et orientés. L'homme ne fait pas sa vie seul. Il dépend de ses semblables. La notion de péché originel va à l'encontre d'une vision individualiste de la nature humaine. L'humanité est une et elle joue son sort commun. C'est de plus en plus évident aujourd'hui où nous voyons se construire une société mondiale en interdépendance.

Au sein de cette humanité en errance, un homme se lève, «plus jeune que le péché». Il inaugure quelque chose de neuf : une vie entièrement tournée vers les autres dans le don et l'abandon, dans la confiance et la liberté. Jésus de Nazareth refuse toute solidarité avec le mal et rassemble autour de lui un petit noyau : une solidarité d'un type nouveau est née. L'amour en est la seule loi.

A la suite de Jésus Christ, l'Eglise est, dans une histoire marquée par le mal, cette *solidarité nouvelle pour un monde nouveau.* Elle est le lieu où se rassemblent ceux qui ont décidé de renoncer au vieil esclavage du péché et qui croient qu'un nouveau visage est possible pour l'homme et la société. Elle n'est ni un groupement idéologique ni un mouvement politique, mais le rassemblement de ceux qui accueillent une espérance et s'offrent tout entiers pour que naisse une terre nouvelle. Dans cette communauté que seul l'amour peut fonder, Dieu vient déposer le germe de son Royaume.

Ceux qui veulent *vivre autrement,* à la suite du Nazaréen, s'agrègent à ce petit noyau. Le *baptême* est l'entrée, par une décision libre, dans cette communauté. Il est le grand passage d'un type de solidarité — celle du péché — à un autre — celle de l'amour [10].

---

10. Voir *Au jardin de Dieu*, p. 84-86. — Les familles qui font baptiser leurs *enfants* veulent signifier que *déjà,* avant que ne s'éveille leur liberté, ces enfants sont situés non seulement dans ce monde pécheur, mais encore et d'abord dans ce milieu nouveau, dans cette solidarité nouvelle, où l'on

Le baptême n'est pas un rite magique qui, avec un peu d'eau, effacerait la «tache originelle» comme on enlève une souillure sur un vêtement sale. Il est le signe par lequel une liberté choisit d'entrer dans un rapport nouveau avec autrui et de devenir membre de cette communauté où, sous la mouvance du Souffle divin, l'on tente de vivre une autre logique à la suite de Jésus Christ. Il ne s'agit pourtant pas de volontarisme, mais d'accueil d'une «grâce», d'un événement gratuit venu d'ailleurs et totalement inattendu : le Père ressuscite son Fils Jésus et inaugure en lui la terre de demain.

Qu'ils sont pauvres et tristes ces baptêmes où, à la va-vite, on verse un peu d'eau sur le front de l'enfant pour le laver de la faute originelle. Le premier sens symbolique de l'eau baptismale n'est pas celui-là. Il s'agit d'abord d'un *passage* avec le Christ, comme jadis le peuple hébreu traversa la Mer Rouge pour rompre les chaînes de son ancien esclavage. Il s'agit d'un ensevelissement avec lui — on est plongé dans l'eau comme dans la mort — car le chrétien meurt au péché pour *ressusciter* à une vie nouvelle digne des enfants de Dieu.

C'est vers la communauté chrétienne — *l'Eglise* — que l'on fait passage et c'est en elle que l'on ressuscite. Là, en rupture avec la solidarité ancienne, se tissent des liens nouveaux porteurs d'Espérance, aurore du Royaume, germes d'à-venir. Aussi importants que l'eau, les croyants qui entourent le baptisé font partie du signe du sacrement. Ils symbolisent et incarnent pour le «néophyte» la famille dans laquelle il entre et le milieu où sa foi pourra se nourrir et se fortifier. Puissent nos célébrations être fête d'accueil de ceux qui viennent d'être libérés en vue d'une solidarité nouvelle !

Cette solidarité nouvelle vit d'une logique différente, celles des *béatitudes*. Déjà, au sein de la communauté, les pauvres reçoivent le Royaume de Dieu et sont comblés par

---

tente de vivre autrement au nom de Jésus Christ. Le baptême d'un enfant ne s'oppose pas plus à sa liberté que le fait de le mettre au monde ! Devenu grand, il pourra toujours se désolidariser du milieu de ses parents. Cependant le sacrement est menteur si la famille n'est pas effectivement engagée dans cette solidarité nouvelle.

la prévenance fraternelle. Déjà ceux qui pleurent sont consolés et ceux qui sont persécutés pour la justice chantent leur *Te Deum*. Déjà, les doux entrent en possession de la terre et les purs voient Dieu... Et ce n'est qu'un avant-goût du Royaume. L'Eglise est le peuple des béatitudes. Elle est cette terre d'élection où déjà la Bonne Nouvelle jetée en terre, telle la plus petite des graines, germe, prend racine et grandit pour couvrir un jour de son ombre tous les peuples. Cette description de l'Eglise, bien sûr, est un programme à accomplir toujours davantage. Mais en Jésus Christ, tout est déjà commencé grâce à l'Esprit qu'il nous a donné.

*

Le mal de la liberté blessée restera toujours le grand point d'interrogation. La doctrine du péché originel ne prétend pas résoudre le mystère, mais l'éclairer d'une *espérance*.

C'est vrai, nous dit la foi, il y a une solidarité humaine dans le mal et le péché. Tout homme qui naît est déjà pris dans ce réseau de relations marqué par le refus et le repli sur soi ; il ne peut s'en sortir seul. Mais il y a une solidarité bien plus profonde : en Jésus Christ nous faisons partie d'un corps de pardonnés où l'Espérance tisse des liens nouveaux, porteurs d'éternité.

Cessons de regarder vers l'origine et tournons-nous vers le terme : l'homme englué dans le péché est appelé à communier à la béatitude divine. Le christianisme n'est pas tant révélation du péché originel qu'annonce de la victoire de l'Amour originel dans un monde où parfois toutes les apparences sont contraires. Cette lumière éblouissante de l'appel divin qui nous convoque à l'éternité nous fait percevoir nos ténèbres *au moment même où il nous en libère.*

«C'est votre âme que je vous achète»

Pourquoi laisser en vie cette créature qui s'ingénie à tout détruire ? Comment justifier l'existence de cet être nuisible, rongé par le mal ? A vues humaines, on serait tenté de le supprimer et d'arrêter là les frais. Le casier judiciaire de l'humanité et de chaque personne est tel que la peine de mort pourrait bien en être le verdict. Camus pensait ainsi, qui faisait dire à Clamence, dans *La Chute* : «Il y a toujours des raisons au meurtre de quelqu'un. Il est impossible de justifier qu'il vive».

Ici retentit la merveille de Jésus Christ : alors que l'homme mérite la mort, cette condamnation retombe sur Dieu lui-même qui meurt en pardonnant. Ce pardon ressuscite l'avenir et instaure une «Nouvelle Alliance», un nouveau contrat entre Dieu et les hommes. Alors que nous n'y avions aucun droit, un temps nous est accordé et Dieu espère que nous le mettrons à profit pour bâtir sur des fondations nouvelles.

Cela faisait trois ans qu'un propriétaire attendait quelques fruits de son figuier, mais en vain. A bout de patience, il proposa au jardinier de couper l'arbre puisqu'il était inutile et épuisait le sol de la vigne dans laquelle il était planté. Mais le jardinier demanda un sursis : «Maître, laisse-le cette année encore, le temps que je creuse tout autour et que j'y mette du fumier. Peut-être donnera-t-il des fruits à l'avenir... Sinon, tu le couperas» (Lc 13, 8-9). Chaque instant de notre existence doit être accueilli comme un délai pour que nous nous convertissions et transformions le désert de ce monde en un verger aux récoltes abondantes. Dans cette vie qui continue malgré tout, j'aime voir le signe de la bonté étonnante de Dieu et de son espérance.

Saint Ignace, dans les *Exercices spirituels*, fait méditer son retraitant pendant de longs jours sur le péché. Il l'invite à se regarder «comme une plaie et un abcès d'où sont sortis tous ces péchés, toutes ces méchancetés et tout ce poison infect» (n° 58). Au terme d'une de ces méditations, il lui fait pousser «un *cri d'admiration*, avec un *immense amour*». Il l'invite à s'étonner de ce que toutes les créatures l'ont laissé en vie et l'y ont conservé, et que la terre ne s'est pas ouverte pour l'engloutir (n° 60). Le péché, en effet, fausse tout l'équilibre de la création et fait échouer le projet de Dieu. Dès lors, cela vaut-il encore la peine de poursuivre l'aventure ?

Lorsqu'Abraham intercédait auprès de Dieu pour que Sodome et Gomorrhe ne soient pas détruites, il osa demander que la ville fût épargnée si on y trouvait dix justes. Mais ceux-ci firent défaut et tout fut réduit en cendres. Aujourd'hui, à cause d'un seul juste, Jésus Christ, notre monde est sauvé et l'humanité peut s'engager sur les chemins de l'avenir. Car le fait qu'en un seul être, cette radicalité de l'amour soit effective sauve à jamais du pessimisme notre vision de l'homme et réhabilite aux yeux de Dieu notre histoire.

Le pardon est un sursis sans cesse accordé au pécheur dans l'espoir qu'il se convertisse. *Les Misérables* de Victor Hugo est un hymne à la fécondité de ce pardon. Jean Valjean, bagnard de longue date, vient d'être libéré et, sans le sou, il arrive un soir chez un vieil évêque rayonnant de bonté. Celui-ci l'invite à sa table et lui offre un lit pour la nuit. Mais Valjean a remarqué qu'il restait encore quelques richesses à son hôte qui pourtant avait déjà presque tout distribué aux pauvres. Tandis que la maison est endormie, il se relève, dérobe les couverts en argent et s'en va. En cours de route, il est intercepté par des gendarmes qui découvrent le fruit de son larcin. Jean prétend qu'il a reçu ces couverts en cadeau, mais cela ne convainc guère les gendarmes qui le conduisent à notre vieil évêque.

L'évêque regarde Jean et, tout de suite, il comprend la situation : «Eh bien, dit-il, je vous avais donné les chandeliers aussi, qui sont en argent comme le reste et dont vous pourrez bien avoir deux cents francs. Pourquoi ne les avez-vous pas emportés avec vos couverts ?» Et il lui remet les deux chandeliers... Les gendarmes, tout confus, rendent la liberté à leur larron et s'excusent auprès de l'évêque.

Ceux-ci partis, Monseigneur Bienvenu dit à Valjean, qui n'en croit pas ses oreilles : «N'oubliez pas, n'oubliez pas que vous m'avez promis d'employer cet argent-là à devenir honnête homme.» Jean, qui n'a rien promis, en reste tout interdit. Mais l'évêque poursuit : «Jean Valjean, mon frère, vous n'appartenez plus au mal mais au bien. C'est votre âme que je vous achète ; je la retire aux pensées noires et à l'esprit de perdition, et je la donne à Dieu.»

Et, fécondité du pardon lorsqu'il est accueilli, la vie de ce forçat en est complètement transformée. Jean se dévouera corps et âme au service des plus pauvres. Le film que Robert Hossein a tiré de ce livre est une émouvante parabole de la *Rédemption*, mot qui signifie *rachat*.

En pardonnant, Dieu redouble d'amour. Il restitue au pécheur sa liberté annihilée par le mal. Il lui rend la possibilité de se construire lui-même et de faire le bien. Il révèle ainsi sa véritable puissance qui ne consiste pas à condamner ou à détruire, mais à *re-créer* et à régénérer la liberté pervertie. Il faut en effet, disait le P. Varillon, plus de puissance à Dieu pour pardonner que pour créer [11].

Le pardon est suprême gratuité, grâce inattendue. Comme le regain qui, les années de mauvaise récolte, vient rendre l'espoir de fenils pleins, il nous donne une nouvelle chance.

«Si tu fais cela, c'est moi qui meurs»

Si Dieu se contentait de pardonner le mal que nous nous infligeons les uns aux autres, son pardon ne serait que verbe creux. Seule, en effet, la victime peut pardonner à ses bourreaux. Seul l'évêque pouvait offrir les chandeliers à son voleur. Dieu aurait le jeu trop facile s'il pouvait tout effacer du haut de son ciel, sans autre forme de procès. Mais tel n'est pas le cas. Pour nous sauver en vérité, *Dieu s'est fait victime* de notre mal.

La croix nous révèle le sérieux du pardon divin. Un homme, un innocent, meurt écrasé par une somme de lâchetés, de compromissions et d'irresponsabilités... Dans la lumière de Pâques, nous découvrons que c'était Dieu qui, sur cette potence, portait notre péché. Regardant autour de nous, nous apercevons l'étrange ressemblance de ce supplicié du vendredi saint avec tous les torturés et les écorchés vifs de notre humanité en délire. Nous comprenons alors ce qu'est

11. François VARILLON, *L'humilité de Dieu*, Paris, Centurion, 1974, p. 159.

l'amour : Dieu s'est identifié à toute souffrance et ne fait plus qu'un avec tous les rejetés et tous les méprisés. Les larmes des hommes viennent mouiller de sang son propre visage. Sur la croix, Dieu se fait vulnérable à nos coups de lance et reçoit en pleine face notre refus. En réponse, nul geste de haine, nul cri de vengeance, mais une parole de pardon.

Le pardon de Jésus au seuil de la mort est un acte risqué. Au lieu de réagir à la force par la force, il lui oppose la suprême faiblesse d'une parole de pardon jaillie d'un cœur ouvert. Nulle garantie qu'elle ne se perdra pas dans le flot des injures et des sarcasmes proférés autour du gibet. Nulle certitude que l'homme ne va pas profiter de cette vulnérabilité pour mieux jouir encore de sa victoire. Mais Dieu est gratuité totale, sans calcul...

En offrant ainsi le pardon, Jésus espère que ce flot d'amour jailli de son cœur transpercé atteindra ce qui reste d'humain dans son bourreau. Il table sur la bonté originelle de la personne qui ne se réduit jamais à n'être que tortionnaire. Il s'appuie sur une autre logique que celle de son ennemi et ose croire que la sienne finira par séduire. Il manifeste ainsi l'impuissance de ses adversaires qui, même s'ils peuvent détruire le corps, ne peuvent éteindre en lui le feu de l'amour.

Nul espoir n'est possible si la haine répond à la haine. L'avenir perd toute possibilité d'exister et demain ferme ses portes si la logique de la destruction qui habite le mal ne se trouve pas contrecarrée par une logique de création, celle de l'amour. Jésus aurait pu prier Dieu qu'il extermine ses geôliers. Cela aurait été justice. Mais la justice aurait tué l'espérance.

Il n'y a moyen de combattre efficacement le mal qu'en se laissant blesser par lui. En 1947, Calcutta est à feu et à sang, embrasée par la fureur des hindous et des musulmans qui se livrent une guerre fratricide. Gandhi tente l'impossible pour sauver son peuple et lui offrir des lendemains viables. Selon son habitude, il a cessé de se nourrir et commencé une grève de la faim. Tant que la paix ne sera pas revenue, tant que la dernière arme n'aura pas été déposée, il refusera tout aliment. Rapidement ses forces déclinent, car il est déjà à la veille de son soixante-dix-huitième anniversaire. Mais il est décidé à aller jusqu'au bout : il ne cédera pas avant qu'une paix totale ne soit revenue. Et le miracle se produit. Une vague d'amour et de fraternité submerge l'indomptable métropole pour sauver son bienfaiteur. Les hindous, responsables de ces tueries, viennent déposer aux pieds du Mahatma leurs armes encore rouges de sang.

C'est un vieil adage de l'Inde antique qui inspirait Gandhi dans ses grèves de la faim : «Si tu fais cela, c'est moi qui meurs.» On pouvait voir des débiteurs aller jeûner devant la maison de leur créancier dans l'espoir de faire repousser l'échéance de leur dette. Gandhi utilisait cette arme pour imposer à l'adversaire un sens de l'urgence qui l'empêche de se dérober [12].

Ce jour-là, sur le mont Calvaire, Dieu a tenu à l'humanité le même langage : «Si tu fais cela, c'est moi qui meurs... Si tu opprimes la veuve et l'orphelin, si tu rejettes l'étranger et méprises le pauvre..., c'est moi qui meurs.» Et il est mort, car l'amour de Dieu est non violent.

Par son pardon, cependant, il inaugure une dynamique nouvelle, riche de promesses. Par cette mort sans haine ni rancune, il est véritablement vainqueur du mal. Il offre à notre histoire un nouveau commencement. Que peut encore le péché lorsque celui qui en est la première victime pardonne ? Tout espoir est permis lorsqu'une fois enfin l'amour a eu le dernier mot et a pris le pas sur la soif de vengeance [13].

Le pardon du vendredi saint n'est pas une anecdote entre mille, donnée à titre d'illustration. Il est, au cœur du temps, la révélation unique du cœur paternel de Dieu. Il est l'aboutissement et le sommet de la vie de Jésus qui n'a cessé de manifester aux pécheurs la tendresse miséricordieuse de son Père.

Par la Résurrection, Dieu ratifie le message du prophète de Nazareth et il exauce sa demande suppliante : «Père, pardonne-leur, car ils ne savent ce qu'ils font.» Le pardon de

---

12. Voir Dominique LAPIERRE et Larry COLLINS, *Cette nuit la liberté*, Paris, Laffont, 1975, p. 357-362.

13. Voir *Au jardin de Dieu*, p. 74-79.

Jésus et celui de Dieu ne font qu'un. Au matin de Pâques, l'avenir ainsi ouvert éclate en pleine lumière.

La seconde planche de salut

> Le soir du premier jour de la semaine, toutes portes étant closes par crainte des Juifs, là où se trouvaient les disciples, Jésus vint et se tint au milieu d'eux. Il leur dit : «Paix soit à vous !» Ce disant, il leur montra ses mains et son côté. Les disciples furent remplis de joie à la vue du Seigneur. Il leur dit encore une fois : «Paix soit à vous ! Comme le Père m'a envoyé, moi aussi je vous envoie.» Cela dit, il souffla sur eux et leur dit : «Recevez l'Esprit Saint. Ceux à qui vous remettrez les péchés, ils leur seront remis; ceux à qui vous les retiendrez, ils leur seront retenus» (Jean 20, 19-23).

La débâcle du vendredi saint avait disloqué le groupe des apôtres. Ils se retrouvent dans le Cénacle où ils se sont enfermés. Ce n'est plus une communauté, mais le ghetto de la peur. Au soir de la Résurrection, voici Jésus, toujours marqué des blessures de sa passion : il se tient au milieu d'eux et leur offre la paix du pardon. Il refait le tissu communautaire que la peur et la fuite avaient déchiré.

Pour un chrétien, le pardon de Dieu n'est pas une idée abstraite : *c'est une communauté recréée par le souffle de l'Esprit.* Dieu sauve les hommes *en les remettant ensemble* pour une solidarité nouvelle. Le jour de la Pentecôte, lorsque Pierre invitera les curieux à se convertir et à recevoir le pardon des péchés, il leur proposera de *rejoindre le petit groupe* des disciples en se faisant baptiser (Actes des Apôtres 2, 37-41).

Cette Eglise naissante est, au cœur de l'humanité pécheresse, comme une nouvelle bouture. Elle est le signe tangible du pardon, car en elle ceux qui résistent désormais à la fascination du mal peuvent vivre *autrement.*

Le péché n'est jamais un problème simplement personnel et individuel. Il concerne l'humanité entière dont je me sépare et que je détruis en voulant poursuivre seul mes projets égoïstes. Le pécheur est un franc-tireur qui agit pour son propre compte ! Se convertir, c'est rebrousser chemin, revenir vers ses frères et recréer avec eux des liens communautaires, germes d'une humanité nouvelle.

L'Eglise n'est pas une garniture superflue et encombrante de notre foi. Elle est le fruit même de la Résurrection et le signe du pardon : les hommes quittent leur errance égoïste et reprennent la vie de communauté. Ils se laissent recentrer autour de Jésus Christ et resserrent les liens entre eux. L'Eglise réunit tous ceux qui acceptent de faire ensemble un bout de chemin et d'ébaucher, au cœur du monde, ce grand rassemblement de l'humanité réconciliée en Dieu.

Dès les débuts du christianisme, cette vie communautaire ne fut pourtant pas sans difficultés. La réconciliation est un programme quotidien, sans cesse à reprendre. Les Actes des Apôtres et les lettres de saint Paul témoignent des tensions et des divisions, des infidélités et des trahisons qui corrodaient la communauté. Des hommes et des femmes abandonnaient les exigences concrètes de l'Evangile et retournaient à leurs pratiques païennes. Tout en étant baptisés, ils n'étaient plus sur le chemin de la vie nouvelle. Il fallut prendre acte de la perte de ces frères.

La crise fut très forte pendant les persécutions. Certains n'avaient pas le courage d'aller jusqu'au martyre, ils apostasiaient. Lorsqu'ils revenaient à des sentiments meilleurs, la communauté ne devait-elle pas à nouveau les accueillir ? Puisqu'ils n'avaient jamais cessé d'être membres du corps, même dans la douleur de la séparation, il suffisait de les recevoir dans la joie du retour et de la conversion : le *sacrement de réconciliation* était né. C'était, disait-on, la seconde planche du salut, la première étant le baptême. Le carême préparait à la nuit pascale où l'on fêtait ces retrouvailles. Au cours de la veillée, l'évêque imposait les mains au pénitent *pour qu'il reçoive l'Esprit*. Il lui signifiait ainsi qu'il était à nouveau en communion avec l'assemblée. comme au soir de Pâques, l'Esprit du Christ ressuscité régénérait le tissu communautaire.

Au fil des siècles, l'Eglise est devenue de plus en plus attentive aux diverses ruptures du péché. Le sacrement de Réconciliation — la confession — est devenu plus fréquent.

Mais c'est toujours la même vérité : se convertir, c'est retourner vers la communauté dont on s'est séparé, car c'est elle qui est le milieu du salut et le signe du pardon de Dieu.

Je renoue avec mes frères

Les changements intervenus depuis quelques années dans la célébration du sacrement de Réconciliation me réjouissent. Naguère, contrairement aux origines, cette démarche était vécue de manière trop individualiste. Chacun allait «se mettre en règle avec l'Eglise», mais les croyants n'étaient pas visiblement présents pour signifier la dimension communautaire du pardon. Le prêtre était isolé dans son rôle de réconciliateur. Aujourd'hui, lors des célébrations communautaires de la Pénitence*, l'importance de la communion ecclésiale est plus clairement manifestée : en revenant vers la communauté, je retourne vers Dieu et en me rapprochant de lui, je retrouve mes frères.

Lors d'une célébration, tous les participants s'étaient dispersés aux quatre coins de la grande chapelle. Après une évocation de la Croix qui seule permet de prendre conscience de notre péché, le cierge pascal fut conduit en procession dans l'obscurité. Lorsqu'il fut au centre, tous les participants se rapprochèrent lentement de la Lumière, au rythme d'un chant pascal. Le cierge éclairait la croix comme Pâques illumine le vendredi saint. A son pied, une vasque d'eau rappelait le côté ouvert du Crucifié et la source du baptême qui en avait jailli. Le célébrant proclama alors la Bonne Nouvelle de la Résurrection et tous ceux qui le souhaitaient purent ensuite rencontrer un prêtre. Cette assemblée avait «mimé» ce qu'est le sacrement de Réconciliation : le regroupement de la communauté autour du Ressuscité. Chacun avait fait un pas vers les autres.

L'existence chrétienne n'est pas une petite randonnée solitaire où je tente de vivre en règle avec ma conscience.

---

* Réconciliation, Pénitence, Confession : trois noms pour un même sacrement. Ils en soulignent chacun un aspect.

Elle est une vie commmunautaire où la communion avec mes frères manifeste celle avec Dieu. Le *prêtre*, au milieu de ses frères, signifie cette unité qui ne vient pas seulement du bon vouloir des hommes mais de l'Esprit donné par le Ressuscité. Voilà pourquoi on se confesse à lui. Son pardon est à la croisée de celui de la communauté qui accueille le pécheur et de celui du Père qui se réjouit du retour de l'enfant perdu. Etre en accord avec ses frères, c'est être uni à Dieu. Les liens que nous tissons ici-bas concernent le Royaume : «Ce que vous lierez sur la terre sera tenu au ciel pour lié, et ce que vous délierez sera tenu au ciel pour délié» (Mt 18, 18).

Le prêtre est le rassembleur de la communauté chrétienne disloquée par le péché. Mais il traduit aussi *pour chacun* le pardon de Dieu qui rejoint chaque pécheur là où il en est. Tout pénitent est la centième brebis qui mérite qu'on abandonne les quatre-vingt-dix-neuf autres. Le prêtre se doit d'incarner cette sollicitude divine et d'accueilir chacun, au nom de Dieu et de la communauté, dans une relation personnelle où celui qui revient découvre combien il était attendu.

Ce face à face de la confession rend l'Eglise tellement humaine. Elle n'est pas une administration qui règle des dossiers, mais un tissu relationnel, une rencontre de visages. Celui qui pleurait son péché et sa solitude peut découvrir dans un regard chaleureux le pardon et la miséricorde de Dieu ainsi que l'accueil des frères.

C'est en effet une loi commune : celui qui a la conscience lourde désire rencontrer un cœur ouvert qui puisse écouter sa «confession». L'impossibilité pour quelqu'un de dire son péché risquerait de le livrer au désespoir. Pour le coupable, la parole est libératrice.

Crime et Châtiment de Dostoïevski raconte l'itinéraire du criminel Raskolnikov qui cherche la délivrance. Il ne la trouvera que lorsqu'il avouera son double crime à Sonia, cette prostituée au cœur pur et à l'âme d'enfant. Dès cet instant, il ne sera plus seul à porter le poids de son meurtre : Sonia désormais partage son calvaire et est décidée à le suivre jusqu'en Sibérie. La folie de son désespoir prend fin. Le bagne auquel il est condamné ne sera pour lui qu'une souffrance salvatrice, car son aveu a fait naître entre elle et lui l'amour qui régénère.

On a voulu effacer le visage du prêtre derrière des grilles pour que le pénitent se retrouve vraiment face à Dieu. Mais Dieu, lui, désire tant qu'un visage humain puisse traduire sa tendresse paternelle. «Le surnaturel est lui-même charnel», disait Péguy. Les hommes ont besoin de croiser un regard où luit la compréhension et la sympathie. Ils ont besoin de s'entendre dire : «Moi non plus, *je* ne te condamne pas, mais *je* te pardonne, au nom du Père, et du Fils, et du Saint Esprit. Va ! Je te fais confiance. Ne pèche plus !»

C'est bien le prêtre qui pardonne. La formule de l'absolution le dit clairement : «Et *moi*, au nom du Père et du Fils et du Saint Esprit, *je* te pardonne tous tes péchés.» Le confesseur ne se cache pas derrière le pardon divin qui le dispenserait de faire lui-même miséricorde. C'est dans l'accueil d'un *homme* avec son cœur de chair que le pécheur peut comprendre que le pardon existe et qu'il a sa source en Dieu. C'est une chaleur tout humaine qui fait redécouvrir au pénitent la tendresse paternelle et miséricordieuse de Dieu.

Laisser tomber mes masques

Pour un prêtre, la confession est une œuvre aussi exigeante que belle : il est invité à rejoindre son frère et à porter avec lui le poids du mal qui le ronge. Au cœur de cette compassion, il offre une parole d'espérance et des mots de pardon.

Je me souviens de Philippe qui, après une vie de désordre, fit la connaissance d'un prêtre au cœur de père. Des liens étroits se tissèrent entre ces deux hommes. Ce fut pour lui une résurrection. Ce prêtre qui savait tout de sa vie ne l'avait pas jugé, mais accueilli. Dans cette rencontre humaine, il découvrit un Dieu que, jusque là, il ne connaissait pas : «Puisque, me confiait-il, un homme m'avait ainsi pardonné, je me suis dit que Dieu aussi m'avait pardonné.» Notre pauvre pardon humain est un reflet de l'éblouissant pardon divin.

Qu'elle est belle cette Eglise où celui qui peine sous le fardeau peut toujours croiser quelqu'un à qui ouvrir sa détresse et devant qui se présenter à visage découvert ! Dans cette relation, il sait que Dieu se compromet et qu'il reçoit ceux que les hommes accueillent. Pourvu qu'on ne perde jamais cette richesse pour se contenter de cérémonies collectives et anonymes ! En tant que prêtre, je puis dire toute la joie que m'apporte ce sacrement, écho de la joie du Père lui-même. C'est celle du berger lorsqu'il fait la fête pour la centième brebis enfin retrouvée.

L'aveu au prêtre ne devrait pas être une corvée ou un acte pénible, même s'il demande parfois un effort. Il est une chance — une *grâce* — offerte à chacun de ne pas rester muet et emmuré dans sa prison. Dans l'Eglise, je peux toujours trouver quelqu'un à qui dire le mal qui me ronge et que je ne puis confier à personne. Sur ma route, Dieu a mis des hommes pour me dire en son nom : «Tu es encore aimable et tu mérites toujours ma confiance.» Me confesser, c'est rencontrer quelqu'un devant qui laisser tomber mes masques. Et je suis assuré qu'il m'accueillera. Il ne s'agit pas d'une thérapie psychologique, mais d'une relation vraie d'accueil et de confiance mutuelle. Car la conversion, c'est renouer avec mes frères.

Se reconnaître pécheur ou coupable en dehors de tout lien communautaire et de tout dialogue sincère est suicidaire. Camus, toujours dans *La Chute*, nous montre Clamence cherchant sur les quais d'Amsterdam quelqu'un à qui confier le poids de sa conscience. Il veut parler et raconter non en vue du pardon — puisque celui-ci est impossible, selon lui — mais dans l'espoir que son interlocuteur se mette aussi à confesser la boue qui le souille. A ce «métier», il donne le nom de «*juge*-pénitent». S'il n'y a pas de pardon, en effet, le coupable ne peut souhaiter que des complices. Mais si Dieu est Pardon, l'innocence pourra toujours être recouvrée dans un regard d'amitié que l'on pose sur moi [14].

Et la «*pénitence*» que donne le confesseur ? Un jour, lors d'une retraite de profession de foi, je dus punir un enfant particulièrement difficile. Lorsqu'il eut purgé sa peine, il vint

---

14. Sur le rôle du prêtre dans la communauté chrétienne, voir *Au jardin de Dieu*, p. 96-100.

me trouver et m'offrit un chocolat : «C'est pour toi !» Il me manifestait ainsi la fécondité de sa conversion : déjà elle portait du fruit. La «pénitence» n'est pas une punition, mais le *signe*, choisi avec le prêtre, qui traduira que ma vie est vraiment renouvelée et renaît, comme le regain...

A la table des pécheurs

Un jeudi saint, les fidèles trouvèrent fermées les portes de l'église. A l'heure de l'office, le prêtre se présenta et demanda aux paroissiens étonnés : «De quel droit êtes-vous ici ?» Personne n'a *droit* à l'amour de Dieu. Pour chacun, il est immérité. Seule une invitation *gratuite* peut nous donner accès à cette table pascale. Aujourd'hui, on pourrait encore adresser à Jésus le même reproche que jadis : «Cet homme fait bon accueil aux pécheurs et mange avec eux !» (Lc 15, 2). Les invités au repas du Seigneur sont en effet les pécheurs que nous sommes !

Puisse l'Eglise être toujours accueillante aux pécheurs, non par complaisance, mais par espérance. Trop de pécheurs, lorsqu'ils reviennent, ne sont pas à l'aise dans nos communautés : ils s'y sentent jugés. Quand l'Eglise apparaît comme celle qui condamne et non celle qui invite et pardonne, il faut s'interroger : sommes-nous encore fidèles à ce Jésus que spontanément la pécheresse publique venait trouver ? Parfois j'ai peur de voir que trop facilement on écarte de la table eucharistique certaines personnes qui ont un désir profond et vrai de la rencontre avec leur Seigneur. Ce n'est jamais une concession au péché que d'accueillir un pécheur.

L'Eglise est une assemblée de grâciés. Ceux qui sont conviés au festin du Royaume ne sont pas ceux qui montrent patte blanche, mais les pécheurs. Au début de chaque Eucharistie, le célébrant invite à un acte d'humilité : «Préparons-nous à cette célébration en reconnaissant que nous sommes pécheurs.» C'est au titre de pécheurs que nous sommes invités ! Et je rêve de voir un jour quantité de doigts se lever suite à cette demande du prêtre. Chacun regarderait autour de lui, surpris de n'être pas le seul à lever le doigt.

La communauté y gagnerait en vérité. Elle apprendrait qu'elle est une assemblée de pauvres êtres dont la seule grandeur vient de l'amour fou de Dieu.

Pour comprendre ce qu'est le pardon, il faut avoir été soi-même pardonné. Il faut avoir découvert la profondeur de son propre péché et s'être entendu dire : «C'est toi, cet homme !» Le jour où, dans la lumière du regard de Dieu, nous aurons perçu toutes nos ombres et la laideur de notre mal, nous cesserons de regarder les autres comme indignes et nous nous étonnerons, pleins de reconnaissance, de ce que nous sommes admis à ce banquet : «Seigneur, je ne suis pas digne de te recevoir, mais dis seulement une parole et je serai guéri !»

Tous nous sommes invités à nous pardonner mutuellement autour de cette table. Nous ne devons pas surplomber les autres du haut de notre innocence. Si nous sommes lucides, c'est sans feinte que nous nous reconnaîtrons plus pécheurs que notre voisin. Nous qui croyions avoir à pardonner aux autres, nous percevrons enfin, en toute humilité, que nous avons davantage encore besoin de leur pardon. Ainsi, nous nous laisserons rasembler par le Seigneur qui, par le partage du pain, nous réconcilie les uns avec les autres.

Dans le film de Marcel Pagnol, *Angèle*, le père n'accepte de pardonner à sa fille mère-célibataire et ancienne prostituée, que lorsqu'il découvre que son attitude à lui a été plus odieuse que la sienne. Sous des dehors de vertu et au nom des grands principes, il a refusé d'accueillir cette pauvre fille avec son bébé et les a séquestrés dans une cave sinistre et humide. Au moment où il saisit qu'il a été moins humain qu'elle et que c'est lui-même qui doit être pardonné, tout est de nouveau possible entre eux. Le pardon de Dieu accueilli dans le pardon mutuel nous met sur pied d'égalité les uns avec les autres.

A chaque Eucharistie, lorsque nous partageons le pain de la Pâque, Dieu nous redit son pardon, car il refait le groupe en le réunissant autour d'une même table. Le soir de la Résurrection, l'inconnu d'Emmaüs accepte de reprendre la communauté de table avec ceux qui l'avaient lâchement abandonné trois jours plus tôt. L'Eucharistie commencée le jeudi saint trouve là son accomplissement. Il avait tout livré à ses disciples dans un geste d'amour : son corps et son sang. Trahison et abandon furent leur réponse. Ressuscité, à nouveau il rompt le pain et leurs yeux s'ouvrent : ils comprennent qu'ils sont pardonnés, *car il est toujours avec eux*.

Au nom de Marie-Madeleine

Souvent j'avais pleuré
lorsqu'ils me montraient du doigt...
Souvent j'avais pleuré
de rage et de honte...

Oui, je le connaissais
mon péché
mais fallait-il
qu'ils me mettent en prison
de leurs yeux de reproche
et de leurs ragots de trottoir ?

Et j'en étais venue à me haïr
et j'en étais venue à me détester.

Jamais donc mon passé ne lâcherait prise ?
Jamais l'avenir ne m'ouvrirait les bras ?

Toujours et toujours
les mêmes gestes
toujours et toujours la même boue.

Sans cesse être envahie par le dégoût
sans cesse goûter à l'amertume.

N'y avait-il donc aucun soleil
pour déchirer mon ciel gris ?
N'y avait-il aucune hirondelle
pour me faire un printemps ?

Souvent j'avais pleuré
lorsque je rentrais en moi...

Souvent j'avais pleuré
de rage et de honte...

Mais quelles sont donc ces larmes
tandis que tous me regardent ?
Mais quels sont donc ces pleurs
tandis qu'Il me parle ?

Je savais que si je venais
je savais que s'Il me regardait
je savais que
déjà
il m'avait pardonné !

Oui, je la connais
ma chance !
Il fallait qu'il soit sur ma route
et qu'Il me montre l'horizon.

Aujourd'hui encore je pleure
mais de joie et d'amour
car je sais
qu'il est un pardon
et que la création recommence
pour moi
aujourd'hui ! [15]

15. Voir Lc 7, 36-50. A la pécheresse, qui peut-être est Marie-Madeleine, Jésus dit : «Tes péchés *ont été* pardonnés» (trad. TOB). Cette femme ne vient pas pour se faire pardonner les péchés, mais parce qu'elle a compris qu'ils étaient *déjà* pardonnés. Elle vient fêter cette renaissance avec celui qui, par toute sa vie, lui a permis d'en prendre conscience. Dieu, en effet, n'attend pas la confession pour nous pardonner. C'est le pécheur qui, par ce sacrement, accueille en vérité le pardon donné depuis toujours. Car Dieu est Pardon.

CHAPITRE 5

LE VASE DE LA GRATUITÉ

Regards sur l'Eglise

Le Mystère de l'Eglise n'est un don que lorsqu'il est aussi vécu comme une tâche [1].

Henri DENIS

J'aime l'Eglise. Celle qui me réjouit chaque fois que je la regarde tandis qu'avec elle je célèbre l'Eucharistie. Celle qui me fait souffrir quand son visage n'est pas tel que je crois qu'il devrait être. Celle qui, en d'innombrables petites communautés parsemées de par le monde, fait espérer un printemps pour l'humanité. Celle qui, dans le secret du silence et de la prière, a les yeux clairs de Marie et son oui franc.

Que serais-je sans elle ? Elle m'a annoncé Jésus Christ et m'a engendré à la vie de l'Esprit. Elle m'a fait rencontrer d'autres croyants pour partager les mots de la Bonne Nouvelle et habiter en frères tous ensemble. Oui, je sais que cette phrase est vraie : «Nul n'aura quitté maisons, frères, sœurs, mère, père, enfants ou champs à cause de moi et de la Bonne Nouvelle, qu'il ne reçoive le centuple *dès maintenant*, au temps présent...» (Mc 10, 29-30). Car j'ai trouvé dans l'Eglise une immense famille, avec sa tendresse, ses amitiés et ses querelles, comme dans toute famille. Et je sais que l'amour en elle sera toujours le plus fort, malgré tous

1. Les citations d'Henri DENIS sont extraites de son livre *Chrétiens sans Eglise*, Paris, DDB-Bellarmin, 1979.

les faux pas, puisqu'elle est le fruit d'une promesse : «Je suis avec vous pour toujours» (Mt 28, 20).

L'Eglise est un vase où se recueille toute la gratuité divine. Elle est la coupe de l'Alliance, modeste signe que Dieu veut écrire avec les hommes une histoire de lumière. Elle est cet espace de célébration où les grands événements de la vie viennent retentir et chanter le Mystère qui les habite. Elle est offerte à ce monde, livrée à lui, au nom de Jésus Christ.

Son cœur est l'Eucharistie qui va de pair avec le lavement des pieds, humble service du frère. En son sein, le pauvre et le petit ont droit à une place de roi, car le Royaume est pour eux et pour chacun de nous dans la mesure où nous leur ressemblons. Et parfois aussi, Judas se trouve dans ses rangs, mystère de la liberté humaine et souffrance de Dieu...

Sainte Eglise des pécheurs ! Souvent, avec douleur, j'apprends tel ou tel scandale ou je relis certaines pages tristes de ton histoire. Tu portes en toi, comme dans un vase fragile, les mots de l'amour et de l'espérance qui contestent les certitudes intéressées et conformistes de notre monde. Mais ce feu purifiant au creux de tes mains te brûle toi-même et te remet en question. Signe de contradiction, tu en es la première bousculée. Appelée à être ferment de réconciliation dans nos temps de division, tu entends cet appel résonner à tes propres oreilles et t'inviter à te convertir toi-même. Sans cesse pardonnée par ton Seigneur, tu peux témoigner aux hommes d'aujourd'hui de la miséricorde divine et être l'instrument du Pardon.

Je rêve d'une Eglise, multitude de petites communautés où, dans le concert de la différence, chacune dirait aux autres la parabole de son Espérance et la certitude de sa foi. Etendant leurs branches et leur feuillage là où elles sont plantées, elles traduiraient, selon les temps et les lieux, l'éternelle nouveauté offerte aux hommes de toujours.

«*Vous êtes le Corps du Christ*»

La coupole du Vatican, la hiérarchie des cardinaux et des évêques, toutes les institutions de bienfaisance et d'enseignement, est-ce cela l'Eglise ? Peut-être. Tout ce dont nous parlent les journaux à la page «Religion», tout ce qu'attaquent des athées ou que des intégristes veulent défendre, est-ce cela l'Eglise ? Peut-être.

Mais l'essentiel se laisse-t-il découvrir d'un coup d'œil superficiel ? L'amour n'est-il pas ce qu'il y a de plus secret et qui s'entoure de pudeur ? Les véritables «je t'aime» sont toujours murmurés; ils ne se trouvent pas à la une des hebdomadaires.

Ainsi pour l'Eglise. Ce qui fait son idendité est murmuré dans le secret de Dieu. Ce qui fait sa beauté se découvre comme une confidence.

L'Eglise — y a-t-il moyen de trouver mots plus beaux que ceux de l'Ecriture ? — est l'*Epouse du Christ*. Tout comme une épouse devient — ô merveille de l'amour — réellement le corps de son époux, la chair de sa chair, plus précieuse que la sienne propre, ainsi l'Eglise est-elle le Corps de son Epoux, le Christ.

Pour comprendre les liens entre le Christ et l'Eglise, il faut abandonner le terrain des images politiques. Un chef d'Etat peut annihiler complètement la personnalité du peuple qu'il gouverne : c'est la fascisme. Il impose sa volonté et obtient de ses sujets des attitudes qui défigurent ce qu'ils sont.

Face aux démocrates, le peuple n'est pas toujours logé à plus belle enseigne. Que de séductions et de fausses promesses de la part des candidats ! Que d'hypocrisie et de «combines» dans les campagnes électorales ! Les citoyens ne se laissent pas longtemps abuser, mais lorsqu'ils ouvrent les yeux, il est souvent trop tard : les élus ont le pouvoir et le garderont jusqu'aux prochaines promesses électorales.

Les caricatures de l'amour ressemblent à celles de la politique. Il y a aussi des amants qui partent à la conquête de leurs victimes et imposent leur loi par la force. La compagne n'est plus que l'ombre d'elle-même. Elle est possédée et devient un objet de collection. Nombreux également sont les Don Juan, démagogues du sentiment. Par des séductions faciles, ils charment leurs conquêtes, mais jamais ne les aiment. Tout l'honneur est pour eux et ils comptent leurs succès.

Le véritable amour consiste à se donner, à s'abandonner à l'autre dans la confiance et l'émerveillement. Non point conquête, mais dépossession. Non point enrichissement, mais abandon. L'aimée est tellement belle qu'elle mérite que je lui appartienne. Elle vient briser ma suffisance et le cercle étroit de ma vie privée pour susciter en moi cet élan qui me jette dans ses bras, abandonné, livré, enfant perdu enveloppé par une immense tendresse.

Tel est le Mystère de l'Eglise : le Christ n'a pas pris possession d'elle par la force ou par le charme. Il s'est *livré* à elle. Saint Paul en a fait l'expérience saisissante : «Le Christ m'a aimé et s'est livré pour moi» (Galates 2, 20). Et chaque chrétien peut en dire autant. L'amour du Christ est tel qu'il se donne à chaque homme, tout entier, sans réserve. En lui, Dieu vient épouser l'humanité.

Voilà la véritable identité de l'Eglise, par-delà ses mesquineries et ses demi-mesures. La beauté de l'Eglise vient non de sa perfection, mais du regard que le Christ pose sur elle.

O grandeur de l'amour qui vient fondre les corps en un, dans l'infini respect de la différence de chacun ! L'homme quittera son père et sa mère, il s'attachera à sa femme et tous deux ne feront plus qu'un. Jésus Christ a tout quitté pour s'attacher à l'homme. Sur la croix, il a épousé l'humanité, lui donnant son corps, lui remettant son Esprit. Le sang et l'eau ont coulé de son côté et Jean y a vu la naissance de l'Eglise par l'eau du baptême et le sang de l'Eucharistie.

Comme un homme épouse une femme et lui donne son corps au point de ne plus faire qu'un avec elle, ainsi Jésus s'est livré — «Ceci est mon corps livré pour vous !» — et ne fait plus qu'un avec nous. Saint Paul écrira aux premiers chrétiens : «*Vous êtes le Corps du Christ*» (1 Corinthiens 12, 27).

Jésus de Nazareth n'est pas un *fondateur* de religion qui aurait laissé derrière lui une œuvre remarquable défiant les siècles. Il est le *fondement* toujours actuel de l'Eglise, celui sans qui elle n'existe pas. Aujourd'hui encore, toujours vivant, il donne à l'Eglise de vivre. L'Eglise ne prend pas la succession de Jésus. Elle en vit dans l'Esprit.

Le Christ n'est pas non plus l'architecte de l'Eglise. Lorsqu'un architecte vient à mourir, les édifices qu'il a construits ne s'en portent pas plus mal, car l'œuvre est indépendante de celui qui en a tracé les plans. Mais les fondations de la maison font partie de la maison. Supprimez-les et tout le bâtiment s'écroule. Jésus Christ est la pierre angulaire sur laquelle repose l'édifice. Il en est le fondement (Cfr. 1 Co 3, 10-11).

Lors de l'Eucharistie, nous accueillons au creux de nos mains ce corps livré pour nous. Ensemble, nous découvrons la prévenance amoureuse dont chacun est l'objet avec une intensité et une plénitude égales. Nous entendons la déclaration d'amour que le Christ nous adresse dans la discrétion de ce morceau de pain et de ce peu de vin : «Ceci est mon *corps livré*, pour toi, pour vous. Ceci est la coupe de mon *sang versé* pour toi, pour vous, sang de l'Alliance entre Dieu et les hommes.» Murmure divin, déclaration nuptiale d'un Dieu à genoux aux pieds de l'homme.

> Comme un jeune homme épouse une jeune fille,
> celui qui t'a construite t'épousera.
> Comme la jeune mariée est la joie de son mari,
> ainsi tu seras la joie de ton Dieu (Isaïe 62, 5).

Où trouver plus beau signe de l'amour du Christ pour l'Eglise que dans le *sacrement de mariage* ? L'homme et la femme y sont appelés à ne plus faire qu'un, tout comme le Christ et son Eglise.

Comme vase qui déborde

> L'Eglise n'est pas dans l'Evangile, mais sans elle nous n'aurions pas les évangiles, sans elle nous ne saurions même plus qui fut Jésus de Nazareth [2] !
>
> J.- P. JOSSUA

Comment nous parviendrait la Bonne Nouvelle de Jésus de Nazareth s'il n'y avait ce groupe de pauvres humains qui, depuis deux mille ans, se relaient pour la transmettre et en

---

2. Jean-Pierre JOSSUA, *Lettres sur la foi*, Paris, Cerf, 1980, p. 13.

vivre ? L'Eglise n'existe pas d'abord pour elle-même, mais pour le monde auquel elle doit annoncer une espérance : «Allez par le monde entier...» La parole de fondation est une parole d'envoi. Cette communauté n'existe pas d'abord pour se retrouver, mais pour se disperser. Au cœur même de cet éclatement missionnaire, le Ressuscité l'assure de sa présence : «Et moi, je suis avec vous pour toujours jusqu'à la fin du monde» (Mt 28, 20).

Le monde attend un souffle d'espérance. Il cherche des perspectives d'avenir. Aux pays du désespoir et aux contrées de la nuit, l'Evangile vient allumer une aurore nouvelle. L'Eglise a pour mission d'être le porte-flambeau dressé au milieu des nations pour éclairer leur marche. La lumière dont elle brille n'est pas la sienne propre, mais celle de l'Evangile.

L'Eglise a reçu entre les mains un trésor inestimable, la perle d'un amour. Au cœur de son quotidien jaillit la source de demain. Comme un vase, elle accueille la gratuité divine et la laisse déborder. A elle de trouver les mots et les gestes pour communiquer cette espérance au monde assoiffé.

La première tâche de l'Eglise n'est pas de faire entrer les païens dans ses murs, mais de sortir pour allumer de-ci de-là des foyers de lumière dans l'obscurité de la longue nuit. Lorsque Mère Teresa s'agenouille pour accompagner un mourant ou pour laver un gosse abandonné, elle ne fait pas monter en flèche la participation à la messe dominicale. Elle ne veut pas non plus mener une campagne de promotion pour la foi chrétienne. Elle est tout simplement au service désintéressé de l'homme. Elle est un rayon d'espérance dans les lugubres quartiers de Calcutta, un brasier dans un monde sans cœur. Il suffit d'une petite flamme pour que les ténèbres ne soient plus qu'une ombre. Il suffit d'un saint pour que l'espérance soit vraie.

L'Eglise est pour la mission. Mais où irai-je lorsque, épuisé par la route, le cœur plein de la souffrance des hommes et les bras chargés de leurs fardeaux, je serai essoufflé au bord du chemin ? Qui m'accueillera et me redira les mots de l'espérance lorsque la douleur et la haine rencontrées me feront douter de Dieu et désespérer de la vie ?

La communauté chrétienne est aussi le lieu d'un ressourcement. Dans la fraction du pain, nos yeux s'ouvrent à nouveau et reconnaissent Celui qui ne nous avait pas quittés et qui, tandis que nous marchions las et tristes, nous réchauffait le cœur par sa parole. Sitôt notre regard ébloui par sa présence, il s'efface et nous renvoie aux carrefours de nos cités : «Ite, missa est ! Allez !» Car l'Eglise ne possède pas le Christ : elle le reconnaît, mais ne peut l'accaparer. Tel Jean-Baptiste, elle l'indique du doigt à ceux qui attendent le Royaume, quel que soit le nom qu'ils lui donnent.

Au cœur de ce monde, dispersée dans les Goulags de notre humanité, l'Eglise est invitée à vivre l'inespéré qu'elle a lu dans les yeux du Ressuscité. Humblement au service des hommes, elle chante un air nouveau pour répondre aux chants de deuil.

Porteurs de l'espérance des pauvres

L'Eglise est le peuple porteur de l'espérance des pauvres. Elle est un signe levé au cœur de la caravane humaine en route vers cette surabondance toute gratuite de l'amour de Dieu.

Depuis toujours, le passage de Dieu dans l'histoire est force de *libération*. Tout a commencé avec la sortie d'Egypte. Un groupe d'hommes exploités, descendants du lointain Abraham, est devenu un peuple et a pris conscience qu'il portait entre ses mains, comme dans un vase fragile, les promesses de Celui qui veut l'homme debout.

Le cœur de Dieu bat toujours pour les opprimés. Il a une naturelle complicité avec les esclaves et les rejetés. Non pour leur faire admettre leur sort, mais pour leur insuffler la volonté de s'engager dans un processus de libération.

«Maintenant, le cri des Israélites est venu jusqu'à moi, et j'ai vu l'oppression que font peser sur eux les Egyptiens. Maintenant, va, je t'envoie auprès de Pharaon, fais sortir d'Egypte mon peuple, les Israélites» (Exode 3, 9-10).

Dieu n'intervient pas dans les entrelacs de l'histoire humaine comme un *deus ex machina**. C'est *au cœur même de l'agir humain et par lui* que Dieu transforme le monde. C'est Moïse qui conduira le peuple jusqu'aux portes de ce pays où coulent le lait et le miel. Dans cette naissance à la dignité, les Hébreux ont reconnu la main de leur Dieu. Dans ce surgissement de leur peuple, ils ont accueilli l'initiative de Celui en qui sourd toute nouveauté et qui suscite toute liberté.

La libération est un chemin à reprendre sans cesse. A peine arrivé en Terre Promise, Israël se mettait à sculpter des idoles et à adopter les dieux étrangers pour se prosterner devant eux. Il leur faudra tant et tant de prophètes pour leur rappeler qu'ils sont nés pour la liberté. Toujours l'homme se laisse asservir et troque sa grandeur contre des esclavages de rencontre. La véritable liberté est une exigence, un appel. Elle est un voyage jamais terminé. Et sans elle, l'homme n'est rien.

L'Eglise poursuit, dans la Nouvelle Alliance, l'histoire d'Israël. Elle est un «mouvement de libération». En Jésus Christ, Dieu remet son peuple en route vers un monde meilleur.

Depuis toujours, une petite minorité confisque à l'homme sa grandeur en lui faisant courber le dos sous le poids de l'esclavage et de la pauvreté. Pour ces humiliés de tous temps et en tous lieux, l'Evangile dit une promesse fondée sur cette affirmation : Dieu est du côté des pauvres et il travaille pour eux. Il ne s'agit pas de résignation ni d'«opium du peuple». Dieu vient réveiller la liberté du pauvre pour qu'il se mette à l'œuvre et réalise sa propre libération. Il invite tous les hommes à se faire solidaires d'eux et artisans d'une terre nouvelle où il n'y a plus ni exploiteurs ni exploités, mais une race nouvelle qui ne trahit pas le nom d'enfant de Dieu.

---

* «Un dieu (descendu) au moyen d'une machine», expression désignant l'intervention, dans une pièce de théâtre, d'un être surnaturel descendu sur la scène au moyen d'une machine et, au figuré, le dénouement plus heureux que vraisemblable d'une situation tragique (d'après Larousse).

«Heureux, vous les pauvres, le Royaume de Dieu est à vous !» (Luc 6, 20)[3]. Et effectivement, Jésus, en qui le Royaume vient, a appartenu aux pauvres. Il s'est situé à leurs côtés : miséreux de toutes espèces, brigands, prostituées, bergers, lépreux et possédés, tous les rejetés et les délaissés, et aussi les riches lorsqu'ils prenaient conscience de leur pauvreté. Tous ceux qui, en quête d'humanité, perçoivent que leur vie n'est pas encore vraiment humaine et attendent un «supplément d'âme»... Pour eux, une espérance est offerte; un chemin est tracé dans le désert et ils peuvent se mettre en route, immense caravane de tous les espérants. D'étape en étape, ils cheminent vers des lendemains que Dieu leur demande d'inventer.

Pionniers d'un nouveau monde

> ... Le rassemblement visible et invisible des hommes de bonne volonté et des fils de Dieu qui ont déjà franchi le passage.
>
> Jean SULIVAN[4]

«Nous n'avons pas sur cette terre de cité permanente» (Hébreux 13, 14). Toute demeure n'est qu'un gîte et toute victoire une étape. Peuple de pèlerins, toujours étrangers en ce siècle, citoyens d'ailleurs, pionniers du monde de demain, tous ceux qui accueillent l'espérance de Dieu se mettent en route. Ils sont de la race de ces voyageurs de l'Atlantique qui embarquèrent avec Christophe Colomb. Ils devaient faire l'effet de naïfs... mais ils réveillaient chez certains les fibres les plus profondes de leur âme, le secret espoir de leurs rêves : un ailleurs. Après avoir tout abandonné, ces chercheurs découvrirent le *Nouveau Monde*.

L'Eglise aussi a les yeux fixés sur demain. Elle vit d'une espérance qui est une exigence pour aujourd'hui.

«L'Evangile est une *utopie* de fraternité fondée sur le Royaume instauré par Jésus» (Henri Denis). L'utopie n'est

---

3. Voir *Au jardin de Dieu*, p. 68-69.
4. Jean SULIVAN, *Ligne de crête*, Paris, DDB, 1960, rééd. 1978, p. 177.

pas une folie, mais elle est le propre de l'homme que rien, pas même la plus grande misère, ne peut empêcher de rêver ni de prendre ses rêves au sérieux. Jésus, ce «doux rêveur galiléen» (Renan), est venu nous rappeler que rien n'est plus vrai ni plus noble en l'homme que ce rêve que Dieu lui-même a mis en son cœur.

Utopie signifie «qui n'a pas de lieu». Effectivement, cet avenir fraternel ne trouvera jamais totalement place «ici-bas», car il n'a d'autre «lieu» que Dieu lui-même et son Royaume qui n'est pas de ce monde. Au cœur même de notre engagement «utopique», la foi vient nous ouvrir, dans une attitude d'enfance spirituelle, au don de l'*avenir* promis par Dieu.

L'Eglise n'est donc pas conservatrice du passé. Elle n'est pas, comme l'aurait voulu Napoléon, la garante d'une société bâtie sur l'inégalité et l'injustice : «Dans la religion, je ne vois pas le mystère de l'Incarnation, mais celui de l'ordre social. Quand un homme meurt de faim à côté d'un autre qui regorge de biens, il lui est impossible d'accéder à cette différence s'il n'y a pas une autorité qui lui dise : Dieu le veut ainsi; il faut qu'il y ait des pauvres et des riches, mais ensuite et pendant l'éternité, le partage se fera autrement.» On comprend alors qu'un Marx ait écrit que la religion était l'auréole d'une vallée de larmes.

La parole de Grégoire le Grand, pape du sixième siècle, est bien différente : «C'est à tort que se jugent innocents ceux qui réclament pour leur usage privé le don que Dieu fit pour tous. Ces hommes qui ne font pas l'aumône des biens qu'ils ont reçus se rendent coupables de la mort de leurs frères. Quand nous donnons aux miséreux les choses indispensables, nous ne leur faisons pas des largesses personnelles : nous leur rendons ce qui est à eux.»

Cette parole est en consonance avec celles de la Bible. Elle a la verve prophétique de bien des textes de l'Ancien et du Nouveau Testament. Le prophète Amos s'en prenait, au nom de Dieu, à ceux qui attendent avec impatience que les fêtes religieuses soient passées ou le sabbat fini pour vendre le blé et écouler le froment en diminuant les mesures, augmentant les prix et faussant les balances. «Nous pourrons acheter le malheureux pour un peu d'argent, pensent-ils, et le pauvre pour une paire de sandales» (Amos 8, 5-6).

Isaïe également ne ménage pas ceux pour qui la religion est une couverture : «A quoi bon m'offrir tant de sacrifices ? dit le Seigneur. Vous avez beau multiplier les prières, je n'écoute pas : vos mains sont pleines de sang. Lavez-vous, purifiez-vous, ôtez de ma vue vos actions mauvaises, cessez de faire le mal. Apprenez à faire le bien : recherchez la justice, mettez au pas l'oppresseur, faites droit à l'orphelin, prenez la défense de la veuve» (Isaïe 1, 11-17).

Le Synode des Evêques en 1971 est dans la droite ligne de ces prophètes lorsqu'il rappelle que «le combat pour la justice et la participation à la transformation du monde sont constitutifs de la prédication de l'Evangile qui est la mission de l'Eglise pour la rédemption de l'humanité et sa libération de toute situation oppressive.»

L'Eglise n'est pas chargée du folklore des hommes en mal de sacré. Il lui est confié de maintenir vive l'attente du Royaume en s'engageant pour son avènement. Au sein d'un ordre international qui toujours s'enlise et se fige au profit des nantis, elle doit être le porte-parole des oubliés. Elle est, disait Helder Camara, le dernier foyer de résistance. En se solidarisant avec tous les menacés, elle leur *annonce* la Bonne Nouvelle en même temps qu'elle *dénonce* le désordre qui les défigure.

Dans l'aujourd'hui, l'Eglise est appelée à dessiner la promesse de ce qui n'est pas encore : un monde de justice et de paix. «Voici que je vais faire du neuf qui déjà bourgeonne; ne le reconnaîtrez-vous pas ?» (Isaïe 43, 19). Elle doit poursuivre sa marche vers cette nouveauté. Elle se trouvera toujours à l'étroit dans toute réalisation historique. Jamais elle n'acceptera d'identifier le Royaume avec une situation précise ou un régime quelconque, car elle a au cœur ce grand désir que rien ne peut enclore ni saturer. Seul le Jour de Dieu comblera l'attente de l'humanité.

> Désormais ton soleil ne se couchera plus,
> ta lune ne disparaîtra plus,
> car le Seigneur sera pour toi la lumière de toujours
> et les jours de ton deuil seront révolus.
> Ton peuple, oui, eux tous, seront des justes,
> pour toujours ils hériteront la terre,

eux, bouture de mes plantations,
œuvre de mes mains, destinés à manifester ma splendeur.
(Isaïe 60, 20-21)

Dans le présent de l'histoire, la communauté des croyants est la *bouture plantée par* Dieu. Petit commencement de la cité à venir, elle accueille la promesse du matin de Pâques et maintient éveillée l'espérance des hommes.

Il faut reconnaître cependant que l'Eglise a souvent été loin de ce programme. La Bonne Nouvelle qu'elle proclame la juge. L'Evangile, feu purifiant qui brûle tous les déchets, n'épargne pas celle qui le porte. La communuté chrétienne doit être la première à être remise en question par le ferment de révolution qu'elle propage au nom de Dieu.

Un peu d'histoire[5]

Jésus avait été victime du maintien de l'ordre. Les premières communautés de disciples se trouvèrent également du côté des victimes de l'empire romain : le christianisme naissant passait pour une religion d'esclaves. N'était-ce pas le signe donné par Jésus lui-même à Jean-Baptiste : «La Bonne nouvelle est annoncée aux pauvres» (Mt 11, 5) ? Pendant trois siècles, les persécutions furent le lot de ceux qui annonçaient un Royaume de justice et qui, en son nom, contestaient toute fausse idée de Dieu, toute réalisation éphémère et provisoire qui ne faisait pas droit aux cris des malheureux. Ces petits groupes qui ne reconnaissaient comme absolu qu'un seul Dieu faisaient figure de révolutionnaires et d'athées dans un monde où l'empereur se présentait comme un dieu et où l'ordre politique était sacralisé au profit des grands et aux dépens des petits.

Tout changea lorsque Constantin se convertit en 313. L'Eglise qui s'était toujours trouvée du côté des persécutés, rebut du genre humain, passait du jour au lendemain du côté

5. Nous sommes conscient du caractère schématique de ce paragraphe qui ne s'attache qu'à un seul aspect de l'histoire de l'Eglise.

du pouvoir. Le christianisme bientôt devint la religion officielle de l'Empire et se vit obligée de défendre ses structures. Les chrétiens qui jusqu'alors ne pouvaient exercer le métier des armes sans être frappés d'excommunication furent contraints de s'enrôler dans l'armée pour sauver l'Empire menacé de toutes parts. Certains occupèrent des postes à haute responsabilité dans la conduite des affaires publiques. Le régime de *chrétienté* était né. L'Eglise commençait à se confondre avec la société.

Etait-ce enfin la victoire de ceux qui, durant tant d'années, avaient été la pâture des bêtes sauvages ? Non. C'était la perte de la dimension prophétique de l'Eglise. Sa parole était muselée, sa pointe émoussée. Elle ne pourrait plus dire que ce qui plaisait à l'empereur. Elle devrait bénir un ordre imparfait et sacraliser un pouvoir qui organise la société dans l'inégalité et l'injustice. Désormais, la huitième béatitude, celle des persécutés, sonnerait faux et ressemblerait à un archaïsme.

Le Moyen Age, malgré ses grandeurs, donne de tristes exemples de la sacralisation d'un ordre social relatif et des compromissions avec une société bâtie sur l'injustice. Parfois, l'Eglise parviendra à limiter les excès — la Paix-Dieu, la Trêve-Dieu... — sans pour autant désavouer le système dans lequel elle est totalement imbriquée et dont seuls quelques privilégiés peuvent profiter. Cette époque donne souvent raison à la phrase de Marx : «La religion est le soupir de la créature opprimée, l'âme d'un monde sans cœur.»

Heureusement, le ferment évangélique ne s'est jamais totalement perdu et le sel ne s'est pas complètement affadi. Jésus n'avait-il pas assuré les apôtres de sa présence indéfectible ? L'Eglise, en son sein, a toujours vu fleurir la véritable sainteté. Souvent incompris et persécutés de leur temps, des hommes se sont levés pour faire entendre à nouveau le chant de la source. Un saint Dominique rendait la Parole à Dieu, un saint François retournait auprès des pauvres. Maints prophètes tempéraient les injustices sécrétées par la société. Mais l'Eglise en tant que telle était associée au pouvoir. Elle trahissait ainsi celui qui avait été crucifié en dehors des murs de la ville parce qu'il agitait le peuple et refusait de mettre César en balance avec Dieu. Jésus, la victime du maintien de l'ordre — «Il vaut mieux qu'un homme meure pour tout le peuple», avait dit Caïphe (Jn 11, 50) — était devenu la clef de voûte du nouvel empire que l'on s'acharnait à reconstruire après la désintégration de l'ancien sous les coups des barbares. Le torturé du vendredi saint, revêtu du manteau des fous et de la couronne d'épines, était désormais représenté sous les traits d'un empereur.

Beaucoup ont vu dans la révolution française et dans la marginalisation progressive de l'Eglise un déclin et même une catastrophe. N'est-ce pas, au contraire, une chance pour la Bonne Nouvelle : elle reprend sa liberté. Le christianisme peut retrouver un ton prophétique et une parole risquée. Lorsque l'Eglise est à nouveau dans les prisons, lorsque ses prophètes sont mis à mort comme on le voit un peu partout aujourd'hui, n'est-on pas plus proche des origines ? Dans un monde de faim et de guerre, d'injustice et d'oppression, la seule place des croyants n'est-elle pas à la barre de la défense ?

La Bonne Nouvelle appartient aux pauvres. Elle ne peut leur être confisquée par notre compromission avec l'injustice. Frei Betto, un Dominicain brésilien qui, comme il le dit, a fait son second noviciat en prison, écrit : «Je n'ai pas de comptes à rendre aux riches et aux puissants, mais bien aux opprimés et aux exploités.» En effet, c'est face à Jésus que nous devrons rendre des comptes et nous avons appris qu'il aura le visage de ceux qui ont faim et soif, de ceux qui sont en prison ou sans vêtements.

Le christianisme n'est pas un ordre social, une civilisation ou une culture. Il est une attitude de contestation de cette Histoire qui se fait toujours au profit des grands et ignore les petits. Il est une annonce d'un Royaume de justice et d'amour.

Qu'était-ce qu'un enfant né sur la paille d'un caravansérail, dans le remue-ménage du recensement de César Auguste ? Qu'était-ce qu'un crucifié dans l'immensité de l'Empire romain ? Pourtant, notre foi nous fait baisser les yeux vers ce nourrisson pour y reconnaître le passage de Dieu. Elle nous fait lever le regard vers celui qu'ils ont transpercé pour y contempler Dieu qui sauve le monde. Dans un même élan, accueillerons-nous Dieu en tout homme que notre société compte pour rien ?

Parabole du monde de demain

Nos contemporains attendent-ils encore quelque chose de l'Eglise ?

Bien des services que naguère l'Eglise rendait ont été relayés par des institutions d'Etat. Dieu lui-même semble moins nécessaire à mesure que l'homme s'enorgueillit de ses conquêtes et de sa maîtrise de l'univers. Croire en Dieu et appartenir à une Eglise apparaît à beaucoup comme un dogmatisme générateur de fanatisme et de divisions : il suffit de penser aux guerres de religion, inquisitions et autres intransigeances...

Après avoir beaucoup insisté sur l'*orthodoxie*, c'est-à-dire la justesse des énoncés et des formules de la foi, les chrétiens, en recherche de leur identité face au scepticisme croissant, en sont venus à mettre au premier plan la *charité*, l'amour du prochain. Mais très vite, la spécificité chrétienne s'est diluée dans des actions charitables ou politiques. D'ailleurs, les chrétiens n'ont pas le monopole du dévouement et souvent, à côté d'une sainteté héroïque, que de médiocrité...

Je crois pourtant que notre époque, inconsciemment peut-être, attend encore quelque chose des chrétiens et de l'Eglise. Dans ce monde en chantier, obscurément elle cherche des signes d'*espérance*. Elle scrute l'horizon bouché dans l'espoir d'une trouée de lumière. A ceux qui se réclament de Jésus Christ d'être ce rayon lumineux. A eux de proclamer que l'amour est possible et que l'homme n'est pas un projet insensé. La Résurrection du Nazaréen leur en a donné la conviction. Depuis le matin de Pâques, ce Royaume de justice n'est plus un rêve, mais une fête déjà inaugurée.

Dans une humanité divisée où les différents systèmes idéologiques engendrent haine et lutte, on peut s'engager par ressentiment ou par esprit de revanche. Le croyant, lui, s'engage par espérance. Là où il est, dans son travail professionnel et dans son milieu de vie, il tente d'inscrire la justice, premier pas de l'amour. Il s'informe sur les enjeux et jette un regard critique sur la situation. Soucieux non seulement de son petit milieu, mais encore du monde entier, prêt à abandonner ses privilèges, il rêve de vêtements nouveaux pour notre monde et se met à les coudre.

En de petites communautés fraternelles, humblement au service de la promotion de chaque homme, le disciple de Jésus Christ vit déjà la réconciliation et le rassemblement de tous dans le Royaume. Pour lui, le monde de demain prend visage dans la communauté dont il fait partie. Les liens de tendresse et d'amour fraternels qui s'y tissent le relient dès à présent à la Cité de Dieu. Lorsqu'il célèbre l'Eucharistie avec ses frères, il s'assied déjà à la table du banquet et célèbre la victoire de l'homme nouveau, transfiguré de vie divine.

Loin d'être un privilège, l'appartenance à l'Eglise est une tâche, celle de manifester à nos contemporains qu'il y a une espérance. Au cœur de l'aujourd'hui, la communauté chrétienne s'offre comme une parabole du monde de demain.

Là où deux ou trois sont réunis...

«Le Royaume de Dieu est parmi vous !» Ainsi commence la prédication de Jésus. Et ce Royaume, il nous le fait voir. Regardez, dit-il, les aveugles voient et les boiteux marchent, les lépreux sont guéris et les sourds entendent, les morts ressuscitent et la Bonne Nouvelle est annoncée aux pauvres (Mt 11, 5). Il accueille les rejetés et va à la rencontre des égarés, il invite l'homme à le suivre. Sa vie est remplie de signes et de gestes. Jésus parle avec des actes et il nous convie à faire de même pour qu'advienne le Royaume : «Aimez-vous les uns les autres comme je vous ai aimés» (Jean 13, 34).

Mais bientôt la mort vient mettre un terme à cette action qui en dérangeait plus d'un. Pour les apôtres, cependant, l'aventure ne fait que commencer. Sur le chemin de leurs espoirs déçus, ils retrouvent Jésus, vivante Espérance. «Soyez mes témoins !» Et Jésus à nouveau s'efface. Lorsque, sur l'invitation de l'ange, les disciples cessent de regarder le ciel, leurs regards se croisent et ils comprennent que là où était le Ressuscité, là sera la communauté. C'est à eux désormais de rendre visible le Royaume et de poursuivre la mission de Celui qui s'est dérobé à leurs yeux. Ce départ de Jésus renvoie les disciples à leurs responsabilités : ils sont le Corps du Christ.

«Trois mille personnes s'adjoignirent à eux ce jour-là» (Actes 2, 41) : c'est la Pentecôte. Au souffle de l'Esprit, les biens sont mis en commun et la prière soude les cœurs. Le petit noyau germe, la communauté grandit. Et ces premiers chrétiens reprennent comme spontanément les gestes mêmes de Jésus de Nazareth qui avait passé en faisant le bien. Lorsqu'ils se réunissent, ils rompent et partagent le pain en mémoire de ce soir où Il leur avait tout donné. Lorsque quelqu'un se convertit, ils le plongent dans l'eau pour qu'avec le Ressuscité il passe à travers la mort et commence une vie nouvelle. Quelqu'un est-il malade, on lui impose les mains et on prie pour lui, comme Jésus. Et quand il y a un mariage, on ne peut s'empêcher de se rappeler que le Christ aime l'Eglise comme un mari aime son épouse et ne fait plus qu'une seule chair avec elle.

La première communauté est comme envahie par la présence de son Seigneur. Les gestes qu'elle pose sont plus que des gestes ordinaires et banals. A travers eux, c'est Jésus lui-même qui rejoint chacun des croyants. Lui, le Vivant, manifeste sa sollicitude par la vie toute simple de la communauté qui prolonge son action salvatrice.

Voilà ce que l'Eglise appelle *sacrements*. Mais le premier sacrement institué par Jésus, c'est l'Eglise elle-même, en germe dans l'équipe des Douze. Le premier signe du Christ ressuscité, ce qui jaillit dans l'espace de son absence, c'est la communauté chrétienne : «Là où deux ou trois sont réunis en mon nom, je suis au milieu d'eux» (Mt 18, 20).

Les sacrements sont les gestes privilégiés de cette communauté, gestes mêmes de Jésus en elle. Dans l'attente du Dernier Jour, ils donnent une visibilité au Royaume que Jésus est venu inaugurer.

A mesure que l'on avançait dans les siècles chrétiens, les sacrements ont été de plus en plus vécus comme des dévotions privées : on suivait *sa* messe, on faisait *ses* Pâques, on *se* confessait. La dimension communautaire était reléguée dans l'ombre.

L'exemple de l'«Extrême-Onction» est très parlant. Lorsque le malade était à toute extrémité, parfois en pleine nuit, on faisait venir le prêtre. Le rite était réduit à quelques prières et onctions d'huile. Où était la communauté ?

Le sacrement des malades n'acquiert tout son sens que dans la présence de frères et sœurs autour de celui qui souffre. Par leur sollicitude toute concrète, les chrétiens incarnent pour le malade la bonté de Dieu qui prend soin de chacun. Cette présence chaleureuse et priante aide celui qui souffre à vivre cette épreuve dans la confiance en Dieu et la paix du cœur. Elle le met en communion avec le Corps tout entier et l'associe au passage du Seigneur de la mort à la vie. «Un membre souffre-t-il, disait St Paul, tous les membres souffrent avec lui» (1 Corinthiens 12, 26).

Les sacrements ne sont pas des rites magiques. Ils n'ont de valeur qu'en nous faisant pleinement participer à la vie communautaire. L'Eglise fait les sacrements, mais ceux-ci font l'Eglise. Posés par la communauté, ces gestes nourrissent le tissu fraternel et resserrent les liens autour du Christ. L'Eglise naît de ses sacrements.

«Il faut des rites»

«Il faut des rites», disait le renard au petit prince. Dans le long cortège des jours semblables, dans la grisaille des tensions et des conflits, nous avons besoin de faire revivre en nous l'espérance. Les mots et les idées n'y suffisent pas. Il faut des *célébrations* qui réveillent la vie et nous donnent le goût de reprendre la route parce qu'un instant nous avons entr'aperçu le bout du chemin.

Nous avons sans doute déjà tous vécu de telles célébrations où «quelque chose s'est passé» : en repartant, nous n'étions plus le même qu'en arrivant. Le fait d'être entré dans le rituel, de s'être laissé prendre par la simplicité des gestes et d'avoir rencontré d'autres croyants avait fait son œuvre. Un rite a toujours quelque chose d'efficace lorsqu'on s'y abandonne.

Certains gestes sont machinaux et instinctifs. Mais d'autres engagent tout ce que nous sommes. Ainsi une poignée de mains après une longue discorde : ces deux mains qui se rejoignent *font* vraiment la paix. Plus que le signe, elles en sont l'instrument. Elles expriment, mais aussi elles réalisent. Telle est l'efficacité des sacrements. Par eux, Dieu *fait* alliance avec nous. Et l'avenir s'engendre.

Lors des moments-clés de la vie — naissance, mariage, divisions, maladie, grandes décisions... —, la communauté célèbre son espérance en faisant référence à l'événement fondateur : la mort et la résurrection de Jésus. Par là, elle proclame que la vie fait son œuvre; pleine de confiance, elle attend le jour où l'amour de Dieu sera définitivement victorieux.

Ce n'est pas le langage intellectuel ou la parfaite compréhension théologique qui vont jusqu'au bout de la foi. Ce sont les gestes tout simples que peuvent poser les gens sans grande instruction. Dans ces gestes s'investit tout ce que nous sommes et tout ce que nous croyons. Le discours abstrait dissèque et réduit l'espace pour le circonscrire dans des définitions serrées. Mais les rites ouvrent large le champ pour que l'homme tout entier puisse se dire avec ses espoirs et ses craintes. Alors chaque moment important de la vie reçoit un surcroît de sens. Alors peut être accueillie l'espérance qui vient de Dieu.

Les rites ne sont pas extérieurs à l'homme, comme un superflu folklorique. Ils reprennent la totalité de notre être. Ils expriment notre foi en même temps qu'ils la nourrissent. Ils la font passer dans notre corps. Privée de rites, notre démarche religieuse demeurerait étrangère à notre réalité corporelle et serait coupable d'un spiritualisme appauvrissant.

Les sacrements sont donc des gestes bien *humains*. Jésus aussi en a posé de semblables. Hélas, nous avons souvent réduit les symboles au minimum : un tout petit morceau de pain, trois gouttes d'eau... Pour que les sacrements redeviennent parlants, il faut qu'ils retrouvent leur épaisseur humaine et symbolique. Et puisque la communauté fait partie du signe, il faut qu'elle soit vraie, qu'elle soit un lieu de tendresse et de partage, de vie et de relations.

Le sacrement est aussi un geste *divin*, un acte du Ressuscité qui rassemble les siens. La communauté sait qu'en se réunissant, il y a plus qu'elle-même qui est engagé. Dieu se compromet, se lie et se livre. Le *prêtre* est là pour nous le dire. Il est le signe que la vie fraternelle est un cadeau de Dieu, et le rappel que Jésus de Nazareth a offert sa vie pour l'unité de cette fraternité. Il n'y a pas de véritable communauté chrétienne sans prêtre parce qu'elle ne se construit pas en dehors du Christ et que le prêtre est le rappel de ce fondement [6].

Pour rythmer notre marche et fortifier notre espérance, nous avons besoin des rites. Ils nous font entrer progressivement dans le Mystère de Dieu comme le petit prince s'approchait de son renard pour l'apprivoiser. Mais dans les sacrements, n'est-ce pas d'abord Dieu lui-même qui, par la communauté, s'approche de nous et nous apprivoise ?

Emmaüs, Tibériade et Jérusalem

Dans une société qui a commercialisé les loisirs et toutes les expressions culturelles, la célébration chrétienne fait figure d'étrangeté. La vie de foi ne se réduit pas au culte, bien sûr. Mais celui-ci n'en est pas moins une dimension importante. Si le christianisme inaugure une solidarité nouvelle au sein de l'humanité, il faut qu'il y ait des rassemblements qui consolident ces liens. Et si Dieu est la source de la communauté, comment ne pas lui en exprimer gratitude et reconnaissance par des chants de fête ? Une foi sans rites risquerait bien d'être une foi morte.

Les formes de célébration sont nombreuses. Chaque communauté doit trouver son rythme et son style. Il y a toujours eu dans l'Eglise différents rites, même lorsqu'on était épris d'uniformité. Aujourd'hui, on peut se réjouir de voir à nouveau fleurir la diversité et la créativité. Au jour de la Pentecôte, la variété des langues faisait concert pour chanter les merveilles de Dieu, et tous se comprenaient. L'Eglise redécouvre la nécessité de respecter chaque culture pour permettre à la foi de transfigurer le langage de chaque peuple et de chaque milieu en assumant ce qu'il a de meilleur.

L'Eucharistie est le cœur de la vie chrétienne. «La cène est l'acte de l'Eglise, elle est l'Eglise elle-même naissant, s'accroissant, s'asssemblant, s'identifiant, se référant à son

---

6. Sur le rôle du prêtre, voir *Au jardin de Dieu*, p. 96-100.

Seigneur, anticipant la plénitude espérée [7].» Expression d'une communauté vivante, elle ne peut être partout identique. Elle prendra les formes et les couleurs de l'assemblée locale.

Parfois, quelques croyants se réunissent et interrogent l'Ecriture pour reprendre espoir. Ils viennent se réchauffer au feu de la Parole et partagent ce que l'Esprit leur souffle au fil des mots. «Commençant par Moïse et parcourant tous les prophètes, il leur interpréta dans toutes les Ecritures ce qui le concernait» (Lc 24, 27). Prenant alors le pain, le prêtre le rompt et le leur donne pour que leurs yeux s'ouvrent et reconnaissent le Compagnon de notre long pèlerinage. Le regard transfiguré et le cœur réconforté, ces frères peuvent reprendre le chemin de la ville et tenter de dire à nouveau la Bonne Nouvelle. Ce sont les eucharisties «domestiques» : de petites équipes, un groupe d'amis, une communauté religieuse, quelques collègues... se retrouvent dans l'intimité de l'*auberge d'Emmaüs* pour raviver l'espérance au contact du Ressuscité. Par le signe du prêtre, ils sont en communion visible avec tant d'autres communautés dispersées de par le monde comme pâquerettes dans un verger. Chacune fait fleurir là où elle est l'avenir de Dieu. Sans grandes pompes, mais avec beaucoup de sincérité et de simplicité, ces croyants se laissent rassembler par Jésus Christ. Ils créent ensemble un espace de gratuité où chanter le Tout-Amour et se laisser transformer par lui. Je garde au cœur le souvenir de tant de célébrations au salon, dans les caves ou dans un grenier, catacombes d'aujourd'hui. Et ce silence intense, ce partage vrai, cette chaleur tellement humaine...

D'autres célébrations rassemblent des milliers de personnes comme ce jour où Jésus, après avoir longuement proclamé la Parole, partagea les pains et les poissons. Chacun trouva la nourriture dont il avait besoin au point où il en était. Tous furent rassasiés. J'ai pu vivre de tels rassemblements à Lourdes, sur la prairie. Partageant la communion, perdu dans la foule, je ne pouvais m'empêcher de me rappeler l'herbe verte au bord du *Lac de Tibériade*, comme si j'y avais été...

---

7. J.- P. JOSSUA, *op. cit.*, p. 53-54.

Pendant mes années zaïroises, j'ai découvert encore un autre style. L'Eglise est bondée. La foule chante et danse au rythme des mélodies et du tam-tam. Tous expriment leur prière par des gestes simples et dépouillés. Les célébrants et ceux qui les accompagnent font une entrée solennelle en dansant et en jouant des instruments. Et je songe à la liturgie de la *Jérusalem céleste* que nous décrit le livre de l'Apocalypse : «Je vis une foule immense que nul ne pouvait dénombrer, de toutes nations, races, peuples et langues. Debout devant le trône et devant l'Agneau, vêtus de robes blanches, des palmes à la main, ils criaient d'une voix forte : «Le salut à notre Dieu qui règne sur le trône ainsi qu'à l'Agneau» (Apoc. 7, 9-11). Lorsque retentit le *Gloria* et que prêtres et servants dansent autour de l'autel, je revois David sautant de joie autour de l'arche d'Alliance. Au moment de la préface, l'assemblée module en chœur la fin de chaque phrase et toutes les voix s'unissent pour chanter la sainteté de Dieu, lointain écho de la vision d'Isaïe (Isaïe 6, 3). C'est une autre liturgie : non plus la rencontre intime, mais la fête solennelle en l'honneur de celui qui n'a pas besoin de notre louange et qui pourtant l'accueille avec une joie indicible. La tradition orientale voit dans le rassemblement eucharistique une anticipation de la liturgie céleste. L'Eglise est à ses yeux comme un petit coin de ciel sur la terre.

Auberge d'Emmaüs, rivages de Tibériade, Jérusalem céleste... Dieu est avec nous pour nous partager la Parole et le Pain. Et l'homme offre de son temps pour chanter gratuitement celui qui est source de toute gratuité.

«Le pécheur, ensemble avec le saint»

Dans nos rassemblements éphémères s'annonce le grand rassemblement du Dernier Jour. «Ne crains pas, dit le Seigneur, car je suis avec toi. Depuis le levant je ferai revenir ta race , depuis le couchant je te rassemblerai. Au Nord je dirai : Donne ! et au Midi : Ne retiens pas ! Fais revenir mes fils de loin et mes filles du bout de la terre !» (Isaïe 43, 5-6).

L'Eglise est un signe levé au milieu de l'histoire des hommes. Elle proclame que tous les instants vécus, toutes les générations apparues, tous les peuples et toutes les races seront récapitulées dans l'amour de Dieu. Au fil du provisoire, nous construisons une demeure éternelle que nous recevrons de Dieu.

L'homme n'est pas un être isolé. Par tout ce qu'il est, il est en communion avec tous et plonge ses racines jusque dans le cosmos dont il est l'efflorescence et le sens. Les sciences modernes l'ont montré à l'envi : la personne ne peut se comprendre de manière individualiste. Sociologues, psychologues et tant d'autres nous redisent combien nous sommes interdépendants jusque dans nos profondeurs cachées.

Il suffit de regarder sur notre table : le café vient peut-être du Brésil, le pain m'est offert par le labeur conjugué de l'agriculteur et du boulanger, la confiture a été produite en Afrique du Sud ou ailleurs, la radio que j'écoute a sans doute été fabriquée au Japon... Tout le travail anonyme de tant d'hommes vient se mettre à mon service pour qu'à mon tour je puisse contribuer au bien des autres.

Tout au long de notre histoire se prépare le grand rassemblement de tous dans le Royaume. Nous tissons un immense filet qui recueillera toute l'humanité et où seront échangés des trésors d'amour et de tendresse. Dès maintenant, nous sommes unis les uns aux autres dans l'Eglise puisque nous sommes les membres d'un seul Corps, celui du Christ.

Chaque personne compte pour elle-même, avec son histoire de liberté. En même temps, nous formons un seul corps où tout est commun et où, comme pour les vases communicants, tout passe de l'un à l'autre dans le partage. Chacun de nous est unique et irremplaçable. Pourtant nous ne sommes rien les uns sans les autres.

C'est une *seule et même histoire* que tous ensemble nous dessinons, chacun avec les couleurs de sa vie. Cela nous sauve de l'orgueil, car les contributions cachées et discrètes sont peut-être les plus importantes. Cela nous sauve aussi du désespoir : notre aventure n'est pas solitaire et, même si je souffre seul, je suis en communion avec tout l'amour et toutes les richesses du monde entier.

Ces immenses souterrains de l'histoire par lesquels chacun communique avec tous, par-delà siècles et océans, c'est ce que l'Eglise appelle *Communion des Saints*.

A travers tous les liens que nous tissons, c'est une immense ronde qui s'esquisse et qui, un jour, dansera dans le soleil. Ce qui importe, c'est de donner la main et non d'être le meilleur danseur. Car chacun est emporté par le rythme de tous. La farandole humaine est faite du saint et du pécheur, l'un tenant l'autre par la main, chacun apportant son poids d'amour et son fardeau de péché. Mais dans la ronde, l'amour emporte le péché, le saint entraîne le pécheur, et chacun y trouve sa joie. Qui mène la danse ? C'est Jésus, le Ressuscité. Depuis qu'il s'est relevé vivant de nos deuils, la fête est en route et plus rien ne l'empêchera.

Merveille de l'histoire des hommes, riche de tant de secrets ! Qui un jour dira tout l'amour qui a jailli du cœur de cette pauvresse déposant ses deux sous dans le trésor du temple ? Qui découvrira toute l'énergie qu'il a puisée dans les prières de cet enfant ou dans le courage de ce malade ? Qui remerciera assez ses frères pour tant de générosités inconnues ?

«Tout ce qui se fait de bien, de grand et de beau d'un bout à l'autre de la terre, tout ce qui «fait» de la sainteté comme un médecin dit qu'un malade «fait» de la fièvre, c'est comme si c'était notre œuvre. L'héroïsme des missionnaires, l'inspiration des clarisses et des carmélites, c'est comme si c'était nous, c'est nous[8] ! » Lorsqu'on aime, rien n'est revendiqué comme sien. Tout est offert.

Péguy, ce chantre de l'Espérance, se devait de magnifier aussi la Communion des Saints : «Il y a aussi la communion des saints; et elle commence à Jésus. Il est dedans. Il est à la tête. Toutes les prières, toutes les épreuves ensemble, tous les travaux, tous les mérites, toutes les vertus ensemble de Jésus et de tous les saints ensemble, pour toute la chrétienté, pour le salut du monde, ensemble[9].»

Et dans cette communion, le pécheur et le saint ont tous deux droit à une place, car *il suffit de donner la main* : «Le

---

8. Paul CLAUDEL, *Un poète regarde la croix*, N.R.F., 1943, p. 100.
9. Charles PÉGUY, *Un nouveau théologien*, La Pléiade, p. 1020.

pécheur, ensemble avec le saint, entre dans le système, est du système de chrétienté (...) Le pécheur tend la main au saint puisque le saint donne la main au pécheur. Et tous ensemble, l'un par l'autre, l'un tirant l'autre, ils remontent jusqu'à Jésus, une chaîne aux doigts indéliables. Celui qui n'est pas chrétien, celui qui n'a aucune compétence en matière de christianisme, en chrétienté, en matière de chrétienté, c'est celui qui ne donne pas la main [10].»

La Communion des Saints est l'exaucement du désir de salut *universel* qui habite le cœur de chaque croyant plus préoccupé du sort de son frère que du sien propre. Mais elle est surtout le fruit de l'amour du Fils, mort pour rassembler dans l'unité les enfants de Dieu dispersés et pour réunir en un seul troupeau la brebis fidèle et celle qui s'est égarée, pour fêter autour d'une même table le prodigue et celui qui est resté à la maison.

Ceux qui s'aiment dans les larmes

A l'Eucharistie, la table du Royaume est déjà dressée. Le Ressuscité, Alpha et Oméga, nous réunit avec tous ceux de tous les temps qui ont donné la main. Mystérieuse communion de tous les chrétiens d'aujourd'hui, d'hier et de demain. Car pour Dieu, il n'y a qu'un instant, éternel, celui de l'Amour.

La prière eucharistique fait mention de cette invisible solidarité de tous dans le Corps du Christ :

> Et comme tu nous rassembles ici
> dans la communion de la bienheureuse Mère de Dieu,
> la Vierge Marie,
> et de tous les saints du ciel,
> autour de la table de ton Christ,
> daigne rassembler un jour les hommes de tout pays
> et de toute langue,
> de toute race et de toute culture,
> au banquet de ton Royaume ;

10. *Ibidem.*

alors nous pourrons célébrer l'unité enfin accomplie
et la paix définitivement acquise
par Jésus, le Christ, notre Seigneur [11].

Puisqu'il n'y a qu'un seul pain, disait saint Paul, il n'y a qu'un seul corps (1 Corinthiens 10, 17). C'est vrai de la petite assemblée qui se réunit pour l'Eucharistie, mais c'est également vrai pour tous ceux qui de par le monde et de par les siècles sont en communion avec le *Christ Total*. Et c'est encore vrai de tous ceux qui rencontrent le Christ par le «Sacrement du frère» (Karl Rahner) et qui, par un amour humblement quotidien, ont déjà accueilli Jésus dans l'incognito de l'histoire.

Lorsque les temps seront accomplis, nous comprendrons enfin que «l'humanité est une immense et unique forêt dont tous les arbres ont leur racine dans le cœur du Dieu-Trinité [12].»

Oui, j'ose le dire à vous qui avez 'perdu' un être cher : cette communion que vous ressentez avec lui n'est pas qu'un pâle souvenir qui bientôt s'estompe avec le temps. Elle est un petit commencement de cette communion totale vers laquelle nous marchons et qui s'épanouira au Jardin de Dieu. Il n'y a pas de naïveté à dire à un enfant qu'il retrouvera sa maman qu'aujourd'hui il pleure. Ce n'est pas une consolation facile que d'assurer un conjoint qu'il y a des retrouvailles et que ceux qui *s'aiment* dans les larmes moissonnent en chantant.

Ce jour-là, nous nous découvrirons de la race des saints, participant à une même joie. Un unique concert de louange réunira chacune de nos voix : celle de François d'Assise chantant le soleil et celle de sainte Cécile accueillant le martyre, celle de cette petite trop tôt arrachée à l'affection de ses parents et celle du pauvre berger, compagnon de la nuit et des étoiles ; celle des rois menant les peuples et celle du portier qui toute sa vie a ouvert aux visiteurs, celle des papes et celle de l'humble carmélite derrière ses grilles, celle de la maman qui s'est usée à nourrir sa famille et celle du

---

11. Prière Eucharistique II pour la Réconciliation.
12. REY-MERMET, *Croire I*, Limoges, Droguet-Ardant, 1976, p. 374.

mendiant solitaire ; celle du bon larron et celle de Marie-Madeleine...

Un unique concert éclatera, une unique jubilation inutile, gratuite, éternelle, car l'Amour est de trop pour l'éternité et sans fin il débordera dans la plénitude des siècles.

Marie

> Je crois, très pauvrement, en l'Eglise signe réel de la présence de Jésus ressuscité, au cœur du monde, milieu porteur, comme une mère, de tous ceux qui reconnaissent la Seigneurie de Jésus Christ et dont Marie, dès maintenant, est l'icône achevée et vivante. Eglise au visage tout ridé, trop humain, de vieille femme, avec ses défauts — les miens — mais aussi l'Eglise au visage merveilleux de Marie. Un jour, elle se confondra avec le cosmos et l'humanité définitivement transfigurée dans la gloire de Dieu.
>
> Etienne CHARPENTIER

Au cœur de l'Eglise, il est un visage beaucoup aimé : celui de Marie. Parce qu'elle est au point de départ. Parce qu'elle est simplicité et silence. Parce qu'elle est accueil et souffrance. Parce qu'elle est ce que nous voudrions être en face de Dieu.

Que de créativité artistique, que de beauté et de prière n'a-t-elle pas suscitées ! Que de cœurs n'a-t-elle pas touchés ! Au milieu de leur nuit, que de pécheurs l'ont rencontrée, murmurant humblement : «Prie pour nous, Marie !» Tant de chrétiens n'auront pas osé approcher le Mystère de Dieu, mais ils auront fréquenté sa mère sur le visage de qui le Soleil se reflète, comme l'astre du jour sur celui de la nuit.

Cette jeune fille de Nazareth est la fleur d'une longue attente, celle de tout un peuple en désir de salut. Dans son cœur de jeunesse, tous les espoirs et toutes les peines, tous les désirs et toutes les peurs de notre terre en genèse... Dans ses yeux de printemps, l'océan de notre inlassable quête vient battre les plages de l'éternité.

Dieu cherchait une brèche pour insuffler son Esprit. Il attendait un oui pour engendrer notre avenir. Et elle a dit oui. Dieu a trouvé sa porte ouverte et un filet de clarté a tiré l'ombre de son sommeil.

Toute accueil et réceptivité, elle reçoit Celui qui seul peut combler l'homme assoiffé d'absolu. Par son oui, elle se laisse cueillir par son Créateur telle une fleur qui vient inaugurer un nouveau bouquet.

Première fleur entre les mains de Dieu, Marie fait naître l'Eglise. Lorsque Dieu cueille une autre fleur dans le verger de notre monde, chaque fois qu'un être humain dit oui, il se souvient de la foi de Marie. Lorsqu'il fait un bouquet de toutes nos libertés qui acquiescent et qu'il rassemble les hommes, Dieu se rappelle la première fleur ouverte au oui de la vie.

Le «*fiat*» de Marie est celui de l'Eglise. Notre foi n'est jamais solitaire, même lorsqu'elle déchire douloureusement notre doute et notre peur. Elle est toujours enveloppée par celle de Marie qui engendre l'Eglise.

★

O Marie,
je ne viens pas mendier tes faveurs
et je ne poursuis aucun avantage.
Je n'ai rien à t'offrir et rien à demander.
Je viens seulement, Mère, pour te regarder.

Je viens te contempler en ton Annonciation
et entendre ton oui de silence,
me laisser gagner par ton ouverture
et ton consentement à l'inconnu,
être avec toi, dans les mains de mon Dieu,
le poème de son amour.

Je viens m'émerveiller
de l'enfant que tu portes sur tes bras,
le voir sourire et se nourrir à ton sein.
Comme les bergers que ta pauvreté mettait à l'aise
je me laisse séduire par l'enfance de mon Dieu

et la jeunesse de sa Mère.
Par-delà discours et mots savants
avec toi j'accueille l'amour fou
d'un Dieu infiniment proche.

Je viens habiter ton quotidien de Nazareth,
avec ses gestes banals et sa tendresse tout ordinaire,
avec son apparente inutilité et sa grandeur cachée.

Je viens t'accompagner dans ton écoute de la Parole,
à la suite de Jésus,
sur les chemins de Galilée et ceux de Judée.
Je viens te rejoindre au pied de la croix
et communier à l'agonie
de celui qui brise la mort.

Ton long chemin de foi
éclaire mes doutes
et me conduit au matin de Pâques
où la douleur se transfigure en joie
et la souffrance en enfantement.

Marie, image de l'Eglise,
tu as inauguré notre route.
Dans le Cénacle de nos communautés,
tu continues l'attente de l'Esprit
que tu connais si bien
pour en avoir reçu toute fécondité.

O Marie
comblée pour nous
de toute la gratuité divine...

TABLE DES MATIÈRES

Introduction 7
Esquisse 9

PREMIÈRE PARTIE

Mystère de l'homme, mystère de Dieu

1. AU CŒUR DE LA GRATUITÉ

L'homme est une question 14
Nietzsche est mort 16
L'essentiel est inutile 18
L'art et l'amour 19
Ce Dieu inutile 22
Dessine-moi un mouton... 24
Inutile prière 27
Abraham 30
C'est toi que j'adore 31

★

2. SUR LA TRACE DE L'AUTRE

Au jardin de l'autre 33
Le mystère de l'ami 35
L'enfant de la crèche est devenu noir... 37
Quarante-cinq ans que je cherche son visage... .. 40
Sans beauté ni éclat... 41
Les épines et les fleurs 43

Qui ouvrira toutes mes portes ? 44
En quête d'éternité 46
Quand tu souffres, j'ai mal 47
La révolte du Nazaréen 50
Vers toi, Seigneur, nous crions 52
Prier avec un cœur d'infirmière 55
Mariage et célibat 56
A l'image et ressemblance du Dieu-Trinité 59
La symphonie du singulier et du pluriel 61
Désirés de toute éternité 63
Pour me parler de ton Visage 65

*

DEUXIÈME PARTIE

Au fil de la liberté

3. SI LE GRAIN NE TOMBE EN TERRE...
Fondements de la morale chrétienne

La morale en évolution 69
Voulez-vous que nous fassions exister l'homme ? 70
L'homme jusqu'au bout 72
Le sabbat est fait pour l'homme 74
Les Dix Commandements 75
J'aime la mort du même amour que la vie 77
Si la fleur ne fane... 80
L'ultime liturgie 82
Je suis l'Alpha et l'Oméga 84
Tout est vanité 86
L'arc-en-ciel du pardon 88
Et la récompense ? 91
L'enfer 93
La réincarnation 95
L'au-delà et ses énigmes 96
Le purgatoire 97
La bague et le fiancé 98
Entrons en confidence 101

4. COMME LE REGAIN...
Réflexions sur le péché

C'est toi cet homme ! 104
Plaider coupable 106
La statue de la vérité du monde 109
Sculpteurs d'idoles 111
Dès l'origine 114
Disculper Dieu et sauver l'homme 116
Solidarité nouvelle 119
C'est votre âme que je vous achète 121
Si tu fais cela, c'est moi qui meurs 124
La seconde planche de salut 127
Je renoue avec mes frères 129
Laisser tomber mes masques 131
A la table des pécheurs 133
Au nom de Marie-Madeleine 135

★

5. LE VASE DE LA GRATUITÉ
Regards sur l'Eglise

J'aime l'Eglise 137
Vous êtes le Corps du Christ 138
Comme vase qui déborde 141
Porteurs de l'espérance des pauvres 143
Pionniers d'un nouveau monde 145
Un peu d'histoire 148
Là où deux ou trois sont réunis 152
Il faut des rites 154
Emmaüs, Tibériade et Jérusalem 156
Le pécheur, ensemble avec le saint 158
Ceux qui s'aiment dans les larmes 161
Marie 163

★

FOI VIVANTE
Vie spirituelle

Au sein de la *Bibliothèque chrétienne de poche,* cette série regroupe les ouvrages d'initiation à la prière et à la vie spirituelle chrétienne et les textes développant une dimension particulière de la spiritualité d'hier et d'aujourd'hui.

5. Romano GUARDINI, *La Messe*, Cerf, 1965.
10. Ambroise-Marie CARRÉ, *Compagnons d'éternité*, Cerf, 1978.
11. Bernard BRO, *Apprendre à prier*, Cerf, 1985.
46. G. ROTUREAU, *Amour de Dieu, amour des hommes*, Aubier, 1967.
64. Romano GUARDINI, *Vie de la foi*, DDB, 1968.
70. Yves CONGAR, *Cette Église que j'aime*, Cerf, 1968.
90. Gertrud VON LEFORT, *La Femme éternelle*, Cerf, 1968.
98. Bernard BRO *et al.*, *Parole de Dieu à la télé*, t. I, DDB, 1968.
102. Louis-Bertrand GEIGER, *L'Expérience humaine du mal*, Cerf, 1969.
112. Pie-Raymond RÉGAMEY, *La Croix du Christ et celle du chrétien*, Cerf, 1969.
126. Ambroise-Marie CARRÉ, *Marie, Mère du Christ, mère des hommes*, Cerf, 1970.
128. Clive Staples LEWIS, *Si Dieu écoutait... Lettres à Malcom sur la prière*, Delachaux et Niestlé, 1970.
139. Jean GUITTON, *La Famille et l'Amour*, Aubier, 1971.
142. Ambroise-Marie CARRÉ, *Le « Notre Père »*, Cerf, 1971.
145. Albert-Marie BESNARD, *Vie et combat de la foi*, Cerf, 1965.
158. Jacques-Marie POHIER, *Le Chrétien, le Plaisir et la Sexualité*, Cerf, 1974.
160. André-Jean FESTUGIÈRE, *Le Sage et le Saint*, Plon, 1974.
161. Étienne BORNE, *Dieu n'est pas mort*, Fayard, 1974.
164. L. CERFAUX, *Une Église charismatique*, Cerf, 1975.
173. Sœur GENEVIÈVE, *Le Trésor de la prière à travers le temps*, Cerf, 1976.
174. Romano GUARDINI, *Les Âges de la vie*, Cerf, 1976.
179. Paul EVDOKIMOV, *Présence de l'Esprit-Saint dans la tradition orthodoxe*, Cerf, 1977.
183. Alphonse D'HEILLY, *Visage de l'homme, visage de Dieu*, Cerf, 1978.
184. Albert-Marie BESNARD, *Par un long chemin vers toi*, Cerf, 1979.
185. Antoine BLOOM, *Prière vivante*, Cerf, 1978.

188. Albert-Marie BESNARD,
Propos intempestifs sur la prière, Cerf, 1978.

193. René VOILLAUME,
La Contemplation aujourd'hui, Cerf, 1979.

198. Albert-Marie BESNARD,
Le Maître spirituel, Cerf, 1980.

201. René VOILLAUME,
L'Éternel vivant, Cerf, 1981.

210. Philippe FERLAY,
Ô mon Dieu, Trinité que j'adore, Cerf, 1992.

211. Jean-René BOUCHET,
Si tu cherches Dieu, Cerf, 1992.

212. Ambroise-Marie CARRÉ,
Baptisés dans le Christ, Cerf, 1986.

227. Pie-Raymond RÉGAMEY,
Portrait spirituel du chrétien, Cerf, 1988.

228. Jean VANIER,
Ton silence m'appelle, Cerf-Bellarmin, 1988.

231. UN MOINE DE L'ÉGLISE D'ORIENT,
Notre Père, Cerf, 1988.

232. UN MOINE DE L'ÉGLISE D'ORIENT,
L'Offrande liturgique, Cerf, 1988.

234. Jean VANIER,
Ouvre mes bras, Cerf-Bellarmin, 1988.

237. Patrice DE LA TOUR DU PIN,
Psaumes de tous mes temps, Cerf, 1990.

241. Maurice BELLET,
La Force de vivre, DDB, 1990.

242. Chiara LUBICH,
Méditations, Nouvelle Cité, 1990.

243. André SÈVE,
Essayer d'aimer, Centurion, 1990.

247. Jean GUITTON,
L'Évangile dans ma vie, DDB, 1990.

248. Carlo CARRETTO,
Mon Père, je m'abandonne à toi, Cerf et Nouvelle Cité, 1990.

252. Louis ÉVELY,
Oser parler, Centurion, 1990.

253. Pierre GUILBERT,
La Prière retrouvée, Nouvelle Cité, 1990.

254. Michel QUOIST,
Quand la vie devient prière, Éditions ouvrières, 1990.

256. Michel BOUTIER,
Quêtes et requêtes, Cerf, 1989.

257. Stan ROUGIER,
L'avenir est à la tendresse, Salvator, 1990.

259. Alain PATIN,
Celui que l'on appelle Jésus, Éditions ouvrières, 1991.

261. Dom Paul-Marie GRAMMONT,
Présence à Dieu, présence aux hommes, Cerf, 1991.

263. Jacques LŒW,
Dans la nuit j'ai cherché, Centurion, 1991.

265. Ambroise-Marie CARRÉ, Gérard BESSIÈRE,
Prières pour tous les jours de notre vie, Cerf, 1991.

266. Joseph THOMAS,
Ignace, pèlerin de Dieu, Vie chrétienne, 1991.

267. Étienne CHARPENTIER, Marc JOULIN,
Cinq chemins de croix, Cerf, 1991.

269. Joseph EYQUEM,
Aujourd'hui le rosaire, Cerf, 1991.

274. Pierre WOLFF,
Non, Dieu n'est pas sourd, Vie chrétienne, 1991.

275. Pierre TALEC,
Les Choses de la foi, Centurion, 1991.

277. Jacques MARITAIN,
Notes sur le « Pater », DDB, 1991.

284. Yves RAGUIN,
Alpha et oméga, Vie chrétienne, 1991.

288. Maurice ZUNDEL,
Croyez-vous en l'homme ?, Cerf, 1992.

289. Pedro ARRUPPE,
Promouvoir la justice, Vie chrétienne, 1992.

291. Théodule REY-MERMET,
Laissez-vous réconcilier, Centurion, 1992.

292. Suzanne DE DIÉTRICH,
Le Dessein de Dieu, Labor et Fides, 1992.

294. Joseph DORÉ,
Jésus-Christ, Mame, 1992.

296. Édouard POUSSET,
Foi et liberté, Vie chrétienne, 1992.

298. Bernard BRO,
La foi n'est pas ce que vous pensez, Cerf, 1993.

299. Charles JOURNET,
Comme une flèche de feu, Centurion, 1993.

301. Jacques VIDAL,
L'Église et les Religions, Albin Michel, 1993.

303. Conrad DE MEESTER,
Dans le ciel de notre âme, Cerf, 1992.

304. Pierre TALEC,
Dieu vient de l'avenir, Centurion, 1992.

311. Maurice ZUNDEL,
La Pierre vivante, Cerf, 1993.

313. Fançois VARILLON,
La Parole est mon royaume, Centurion, 1993.

315. Guy THOMAZEAU,
La Présence de Dieu, Cerf, 1993.

323. Jacques LŒW
et Jacques FAIZANT,
Paraboles et fariboles, Cerf, 1993.

328. Gilbert LE MOUËL,
Dieu dans le métro, Les Éditions de l'Atelier, 1993.

330. Christian ALEXANDRE,
Être mystique, Cerf, 1994.

332. Guy GAUCHER,
Prier dans les villes, Cerf, 1994.

339. Pierre-Jourdain HOUYVET,
Jésus, que ma joie demeure, Cerf, 1994.

341.John Carroll FUTRELL,
Le Discernement spirituel, Vie chrétienne, 1994.

342. Élie MARÉCHAL,
Prières avec les enfants, Cerf, 1994.

346. M.-D. MOLINIÉ,
Le Courage d'avoir peur, Cerf, 1994.

359. Alain HOUZIAUX,
Paraboles au quotidien, Cerf, 1995.

361. Pierre-Marie DELFIEUX.
Veilleurs sur la ville, Cerf, 1995.

363. Cardinal Carlo Maria MARTINI,
S'ouvrir à la parole du Christ, Fates, 1995.

364. Cardinal Jean-Marie LUSTIGER,
Premiers pas dans la prière, Nouvelle Cité, 1995.

Cet ouvrage
a été reproduit
et achevé d'imprimer
sur Roto-Page
en novembre 1995
par l'Imprimerie Floch
53100 – Mayenne.

Dépôt légal : D/1988/0026/04
Lumen Vitae et Fidélité
Dépôt légal : novembre 1995.
N° d'imprimeur : 38472.
N° d'éditeur : 10132.
Imprimé en France.